conten

JN070002

本便覧の内容は、令和5年9月1日現在の法令等に基づいて作成してあります。

令和5年度の年金額は、前年度から新規裁定者は2.2%、既裁定者は1.9%の引き上げ

　総務省から公表された「令和5年平均の全国消費者物価指数」（生鮮食品を含む総合指数）に基づき、令和5年度の年金額は、新規裁定者（67歳以下の方）は前年度から2.2%の引き上げとなり、既裁定者（68歳以上の方）は前年度から1.9%の引き上げとなっています。

　年金額の改定は、名目手取り賃金変動率が物価変動率を上回る場合、新規裁定者（67歳以下の方）の年金額は名目手取り賃金変動率を、既裁定者（68歳以上の方）の年金額は物価変動率を用いて改定することが法律で定められています。

　このため、令和5年度の年金額は、新規裁定者は名目手取り賃金変動率（2.8%）を、既裁定者は物価変動率（2.5%）を用いて改定します。

　また、令和5年度のマクロ経済スライドによる調整（▲0.3%）と、令和3年度・令和4年度のマクロ経済スライドの未調整分による調整（▲0.3%）が行われます。

　よって、令和5年度の年金額の改定率は、新規裁定者は2.2%、既裁定者は1.9%となります。

厚生年金保険の老齢給付一覧

給付名			受給資格条件	受給期間	
年をとったとき	老齢厚生年金		老齢基礎年金の受給資格期間（10年以上など・前頁参照）に該当して、さらに次の2条件に該当すること ・1ヵ月以上の厚生年金保険の被保険者期間があること ・65歳になっていること	65歳から終身	
			右記はマクロ経済スライドによる年金額の計算式で、平均標準報酬月額、平均標準報酬額は毎年度、改定率によって再評価される。また、報酬比例部分の5%適正化の従前保障年金額と比較して、多い方の額が支給となる（障害、遺族年金も同様）。		
	特別支給の老齢厚生年金	報酬比例部分のみ	老齢基礎年金の受給資格期間を満たし、次の2条件に該当すること ・1年以上の厚生年金保険の被保険者期間があること ・60歳以上65歳未満であること	・昭21.4.2～昭29.4.1生まれの女性	60歳～64歳から下欄の定額部分が加算された特別支給の老齢厚生年金が受けられるまで
				・昭24.4.2～昭36.4.1生まれの男性 ・昭29.4.2～昭41.4.1生まれの女性	生年月日に応じて60歳～64歳から65歳になるまで
		定額部分 ＋ 報酬比例部分		・昭16.4.2～昭24.4.1生まれの男性 ・昭21.4.2～昭29.4.1生まれの女性	上欄の報酬比例部分のみの特別支給の老齢厚生年金を受け終わってから、65歳になるまで
			平成26年度以降に新規に受給権が発生する人は男女とも「定額部分」が加算される特別支給の老齢厚生年金の受給はなく、現在「定額部分」を受給中の人がすべて65歳に達した時点で、原則として「定額部分」の給付は終了する（9頁参照）		

年 金 額 の 計 算 方 法

──────────────────────────────

|報酬比例部分| ｛平成15年3月以前の被保険者期間分（平均標準報酬月額×7.125/1000〈14頁表－1：A〉×平15.3以前の被保険者月数）＋平成15年4月以後の被保険者期間分（平均標準報酬額※×5.481/1000〈14頁表－1：B〉×平15.4以後の被保険者月数）｝＋経過的加算〈15頁参照〉＋加給年金額〈下記〉

※平均標準報酬額　平成15年4月以後の各月の標準報酬月額と標準賞与額の総額を被保険者月数で除した額

・加給年金額　20年（または期間特例15年）以上の被保険者期間があるときに配偶者228,700円＋配偶者特別加算33,800円～168,800円　＋子（2人目まで1人228,700円、3人目から1人76,200円）

・在職老齢年金　65歳以上で在職中の間、年金月額と総報酬月額相当額との合計が48万円を超えると、一定方法で支給停止（17頁参照）

──────────────────────────────

|報酬比例部分| ｛平成15年3月以前の被保険者期間分（平均標準報酬月額×7.125/1000〈14頁表－1：A〉×平15.3以前の被保険者月数）＋平成15年4月以後の被保険者期間分（平均標準報酬額・上記※×5.481/1000〈14頁表－1：B〉×平15.4以後の被保険者月数）｝

・在職老齢年金……60歳以上で在職中の間、総報酬月額相当額と基本月額の合計が48万円超は、一定の方法で年金額の支給停止（17頁参照）

──────────────────────────────

|報酬比例部分| ｛平成15年3月以前の被保険者期間分（平均標準報酬月額×7.125/1000×平15.3以前の被保険者月数）＋平成15年4月以後の被保険者期間分（平均標準報酬額・上記※×5.481/1000×平15.4以後の被保険者月数）｝

・在職老齢年金……上記と同じ

──────────────────────────────

|報酬比例部分| ｛平成15年3月以前の被保険者期間分（平均標準報酬月額×7.125/1000〈14頁表－1：A〉×平15.3以前の被保険者月数）＋平成15年4月以後の被保険者期間分（平均標準報酬額・上記※×5.481/1000〈14頁表－1：B〉×平15.4以後の被保険者月数｝＋加給年金額（上記）

＋|定額部分| （1,628円×改定率（令和5年度1.015）×支給乗率〈14頁表－1：E〉×被保険者月数＊）

＊定額部分の被保険者月数は480月を上限（ただし昭和4年4月1日以前生まれは420月、昭和4年4月2日～9年4月1日生まれは432月、昭和9年4月2日～19年4月1日生まれは444月、昭和19年4月2日～20年4月1日生まれは456月、昭和20年4月2日～21年4月1日生まれは468月を上限とする）

・在職老齢年金……上記と同じ

──────────────────────────────

・マクロ経済スライドによる年金額の調整が実施されたことにより、報酬比例部分の平均標準報酬月額・平均標準報酬額は、毎年度の改定率を織り込んだ再評価率によって再評価される

・報酬比例部分の計算式の7.125／1000および5.481／1000は生年月日に応じて読み替える

厚生年金保険の障害・遺族給付等一覧

給　付　名	受　給　資　格　条　件
障害厚生年金 （障害になったとき）	次の２つの条件を満たしているときに受けられる ・被保険者が傷病のため初診日から**１年６カ月たった日**（または**症状固定日**）に障害等級に該当 ・初診月の前々月までの**被保険者期間に３分の１以上の保険料滞納がないこと**（令和8.3.31までは初診月の前々月までの直近１年間に保険料滞納がないことでもよい）
障害手当金	初診日から**５年たった日**までに症状が固定して手当金の障害等級に該当するとき（保険料納付条件は障害厚生年金に同じ）
遺族厚生年金 （死亡したとき）	次の①〜④のときに配偶者、子、父母、孫、祖父母が、死亡者の老齢厚生年金額の４分の３相当額を受けられる ①厚生年金保険の被保険者が**在職中に死亡**したとき ②厚生年金保険の被保険者期間中の傷病で**初診日から５年以内に死亡**したとき ③**障害厚生年金（１級・２級）の受給権者が死亡**したとき ④**老齢厚生年金の受給権者または受給資格者が死亡**したとき

脱退一時金	６カ月以上、厚生年金の被保険者期間のある外国人が、何の年金も受けないで帰国し、２年以内に請求したとき、脱退一時金が受けられる

被保険者期間	脱退一時金額
6月以上12月未満	平均標準報酬額×支給率（対象保険料率 ※×50%× 6）
12月以上18月未満	平均標準報酬額×支給率（対象保険料率 ×50%×12）
18月以上24月未満	平均標準報酬額×支給率（対象保険料率 ×50%×18）
24月以上30月未満	平均標準報酬額×支給率（対象保険料率 ×50%×24）
30月以上36月未満	平均標準報酬額×支給率（対象保険料率 ×50%×30）
36月以上42月未満	平均標準報酬額×支給率（対象保険料率 ×50%×36）
42月以上48月未満	平均標準報酬額×支給率（対象保険料率 ×50%×42）
48月以上54月未満	平均標準報酬額×支給率（対象保険料率 ×50%×48）
54月以上60月未満	平均標準報酬額×支給率（対象保険料率 ×50%×54）
60月以上	平均標準報酬額×支給率（対象保険料率 ×50%×60）

※対象保険料率：最後に資格喪失した月の前月の属する年の前年10月の保険料率（最終月が１月から８月までの場合は、前々年10月の保険料率）のことを、上表において便宜的に言い換えています。

受　給　期　間	年　金　額　の　計　算　方　法
・障害認定月の翌月から障害等級に該当する間 ・事後重症は65歳までの請求月の翌月から	・**1級障害**＝［報酬比例の年金額］｛平成15年3月以前の被保険者期間分（平均標準報酬月額×7.125/1000×平15.3以前の被保険者月数）＋平成15年4月以後の被保険者期間分（平均標準報酬額※×5.481/1000×平15.4以後の被保険者月数）｝×1.25 （1級の場合は2級の1.25倍）＋配偶者加給年金額（228,700円） ・**2級障害**＝［上記報酬比例の年金額（最後に1.25を乗じない）］ 　　　　　　　　＋配偶者加給年金額 ・**3級障害**＝［上記報酬比例の年金額（最後に1.25を乗じない）］ 　　　　　（最低保障：新規裁定者596,300円、既裁定者594,500円） ＊いずれも被保険者期間の合計が300月未満のときは、上記の報酬比例の年金額に（300/被保険者月数）乗じて**300月を保障** ※**平均標準報酬額**　平成15年4月以後の各月の標準報酬月額と標準賞与額の総額を被保険者月数で除した額
一時金	・**障害手当金**＝［上記報酬比例の年金額］×2 　　　　（最低保障：新規裁定者1,192,600円、既裁定者1,189,000円）
・子ある妻、子、子のない妻は死亡月の翌月から遺族である間 ・ただし、子のいない30歳未満の妻の遺族厚生年金は5年有期となる ・夫・父母・祖父母は60歳到達月の翌月から遺族である間	［報酬比例の年金額］｛平成15年3月以前の被保険者期間分（平均標準報酬月額×7.125/1000×平15.3以前の被保険者月数）＋平成15年4月以後の被保険者期間分（平均標準報酬額×5.481/1000×平15.4以後の被保険者月数）｝×3/4 　　※**平均標準報酬額**　上記と同じ ＊被保険者期間が300月未満のときは、上記の額に（300/被保険者月数）を乗じて300月を保障 ＊老齢厚生年金の受給資格期間（原則10年以上）を満たしている人や受給中の人が死亡した場合は実月数で、上式の乗率7.125/1000は9.50/1000〜7.230/1000（14頁表−1：A）に読み替えて計算、5.481/1000は7.308/1000〜5.562/1000（14頁表−1：B）に読み替えて計算 ・夫死亡時に40歳以上の妻は、40〜65歳までの間、596,300円の中高齢寡婦加算（遺族基礎年金受給中は支給停止）を加えて受給

・マクロ経済スライドによる年金額の調整が実施されたことにより、報酬比例部分の平均標準報酬月額・平均標準報酬額は、毎年度の改定率を織り込んだ再評価率によって再評価される

老齢になったときの年金

厚生年金保険 加入 →

厚生年金保険 加入 ＋ 国民金 保険料納付 ＋ 国民金 保険料免除 ＋ 合算対象期間（カラ期間） →

国民金 保険料納付 ＋ 国民金 保険料免除 ＋ 合算対象期間（カラ期間） →

国民金 保険料納付 ＋ 国民金 保険料免除 →

これらの期間を合算して原則10年以上 注 あること

平成29年7月までの受給資格期間が25年必要だった人は、加入制度等により生年月日に応じて受給資格期間が短縮される

〈保険料免除期間とは〉

国民年金では保険料の段階的引き上げに対応して、所得水準に応じ、4段階の免除制度（全額、4分の3、半額、4分の1）が導入されている　一定割合の計算により年金額は減額となる　平成21年4月から基礎年金の国庫負担割合が2分の1に引き上げられているため（それ以前は3分の1）、21年3月以前と21年4月以後とで減額割合が異なる（28頁参照）

〈保険料納付期間とは〉

①国民年金第3号被保険者期間も含まれる
②昭61.3までの旧国民年金に強制加入・任意加入して保険料を納めた期間も合算する
③学生納付特例、若年者納付猶予期間について、10年以内に追納すれば含まれる
④国民年金に加入したが保険料を滞納した期間は除く

〈合算対象期間（カラ期間）とは〉

①昭36.4.1～昭61.3.31の間に60歳未満の被扶養配偶者で国民年金未加入期間
②昭36.4.1～平3.3.31の20歳～60歳未満の学生であった期間
③厚生年金から脱退手当金を受けた期間のうち昭36.4.1以後の期間（昭61.4以後国民年金に加入した場合）
④昭36.4以後60歳未満の海外在住期間
⑤学生納付特例、若年者納付猶予期間について追納しなかった期間等

注 **受給資格期間は10年以上必要**（平成29年7月までは25年以上）

社会保障と税の一体改革の一環として、保険料納付に応じた給付を行い、将来の無年金者の発生を抑えていくための措置として、老齢基礎年金の受給資格期間が、平成29年8月より「25年以上」から「10年以上」に短縮となっている

生 年 月 日	年数
昭22.4.1以前	15年
昭22.4.2～昭23.4.1	16
昭23.4.2～昭24.4.1	17
昭24.4.2～昭25.4.1	18
昭25.4.2～昭26.4.1	19

●男性40歳、女性35歳以後の厚生年金保険の加入期間が左の年数以上

生 年 月 日	年数
昭27.4.1以前	20年
昭27.4.2～昭28.4.1	21
昭28.4.2～昭29.4.1	22
昭29.4.2～昭30.4.1	23
昭30.4.2～昭31.4.1	24

●厚生年金保険や共済組合・制度の加入期間が左の年数以上

65歳

| 老齢厚生年金 |
| 老齢基礎年金 |

60歳～64歳の間で「報酬比例部分相当」と「定額部分」とを同時に
受けられる期間の年金を「特別支給の老齢厚生年金」という

<生年月日>

			男 性	女 性
報酬比例部分相当の老齢厚生年金	老齢厚生年金		昭16.4.1以前 生まれ	昭21.4.1以前 生まれ
定額部分の老齢厚生年金	老齢基礎年金			

▲60歳

		男 性	女 性
報酬比例部分相当の老齢厚生年金	老齢厚生年金	昭16.4.2～ 昭24.4.1生まれ	昭21.4.2～ 昭29.4.1生まれ
定額部分の老齢厚生年金	老齢基礎年金		

▲61歳～64歳

		男 性	女 性
報酬比例部分相当の老齢厚生年金	老齢厚生年金	昭24.4.2～ 昭28.4.1生まれ	昭29.4.2～ 昭33.4.1生まれ
	老齢基礎年金		

▲65歳

		男 性	女 性
報酬比例部分相当の老齢厚生年金	老齢厚生年金	昭28.4.2～ 昭30.4.1生まれ	昭33.4.2～ 昭35.4.1生まれ
（報酬比例部分の引き上げ開始。 男性：平成25年度、女性：平成30年度）	老齢基礎年金		

▲61歳

		男 性	女 性
報酬比例部分相当の老齢厚生年金	老齢厚生年金	昭30.4.2～ 昭32.4.1生まれ	昭35.4.2～ 昭37.4.1生まれ
	老齢基礎年金		

▲62歳

		男 性	女 性
報酬比例部分相当の 老齢厚生年金	老齢厚生年金	昭32.4.2～ 昭34.4.1生まれ	昭37.4.2～ 昭39.4.1生まれ
	老齢基礎年金		

▲63歳

		男 性	女 性
報酬比例部分相当 の老齢厚生年金	老齢厚生年金	昭34.4.2～ 昭36.4.1生まれ	昭39.4.2～ 昭41.4.1生まれ
	老齢基礎年金		

▲64歳

原則的に60歳台前半の受給はなくなる

		男 性	女 性
	老齢厚生年金	昭36.4.2以降 生まれ	昭41.4.2以降 生まれ
最終的な姿（男性：令和7年度、女性：令和12年度）	老齢基礎年金		

▲65歳

厚生年金保険1年未満

厚生年金保険被保険者期間1年以上

原則として平成26年度からは男女とも定額部分
が受けられる新たな受給資格者は発生しない

| 国民年金の第1号
または第3号被保
険者期間だけの人 | → | 老齢基礎年金 |

▲65歳

（配偶者が厚生年金保険の
加給年金額を受けていた
ときは振替加算がつく）

9

老齢基礎年金の受け方

公的年金制度の加入期間（保険料を納めた期間、免除を受けた期間、合算対象期間）の合計が10年以上あると、65歳から老齢基礎年金が受けられる

- 老齢基礎年金額は保険料納付月数・免除月数を基に右式で計算される
- 昭和36年4月以後の加入年数が40年にならない昭和16年4月1日以前生まれの人は、右記の加入可能年数で計算

  ただし、昭和16年4月以前生まれの人は、すでに80歳を超えており、これから受給対象となる人は原則加入可能年数は40年となっている

- 保険料は、全額または一部免除できる（申請免除は追納可）

  免除月数および減額割合により年金額が計算（学生納付特例期間、若年者納付猶予期間は追納がなければ年金額に反映しない）

- 60歳〜64歳での繰上げ（減額）、66歳〜75歳での繰下げ（増額）受給も選択できるが選択後の減・増額率は終身変わらない（3頁）

- 受給資格期間（保険料納付期間＋合算対象期間）が10年以上になると、老齢基礎年金が受けられるが、未加入期間があると下図例のような年金額計算となる

- 未加入期間や合算対象期間があって加入可能年数に満たないときなどは、60歳以後65歳未満まで任意加入して年金額を増やせる

- 老齢基礎年金の受給資格期間を満たしていない昭和40年4月1日以前生まれの人は、特例で70歳になるまで任意加入できる

- 60歳以上70歳未満の在職者は厚生年金被保険者となる　ただし老齢基礎年金等の受給権者であれば国民年金には加入しない（従ってその配偶者は20歳以上60歳未満の場合第3号ではなく第1号被保険者となる）

$$795,000円※\times\frac{保険料納付月数 + 保険料多段階免除月数 \times 国庫負担率に応じた減額割合}{40年（又は加入可能年数）\times 12月}$$

（令和5年度）

※表記の額は67歳以下の新規裁定者の年金額
68歳以上の既裁定者の年金額は792,600円

生　年　月　日	加入可能年数	生　年　月　日	加入可能年数
大 15.4.2〜昭 2.4.1	25年	昭 9.4.2〜昭10.4.1	33年
昭 2.4.2〜昭 3.4.1	26	昭10.4.2〜昭11.4.1	34
昭 3.4.2〜昭 4.4.1	27	昭11.4.2〜昭12.4.1	35
昭 4.4.2〜昭 5.4.1	28	昭12.4.2〜昭13.4.1	36
昭 5.4.2〜昭 6.4.1	29	昭13.4.2〜昭14.4.1	37
昭 6.4.2〜昭 7.4.1	30	昭14.4.2〜昭15.4.1	38
昭 7.4.2〜昭 8.4.1	31	昭15.4.2〜昭16.4.1	39
昭 8.4.2〜昭 9.4.1	32	昭16.4.2以後生まれ	40

※昭和16年4月以前生まれの人は、すでに80歳を超えており、これから受給対象となる人は原則加入可能年数は40年となっている

〈原則〉

国民年金加入40年（又は加入可能年数）	→ 65歳	満額の老齢基礎年金額×$\frac{40}{40}$（加入可能年数／加入可能年数）

国民年金加入30年	未加入10年	→ 65歳 満額の老齢基礎年金額×$\frac{30}{40}$

任意加入せず20年	国民年金加入15年	未加入5年 → 65歳 満額の老齢基礎年金額×$\frac{15}{40}$

老齢厚生年金の受け方

●厚生年金保険の被保険者期間に応じた老齢厚生年金が受けられる
●経過的措置のため老齢厚生年金は、現在は次の2つに分類される

❶老齢厚生年金

報酬比例部分のみ、65歳から老齢基礎年金とともに受ける本来の年金　最終的に令和7年度から厚生年金の老齢給付はこの給付だけになる

❷特別支給（報酬比例部分）

60歳～64歳の生年月日に応じた受給年齢から、左の❶の支給開始まで受けられる（加給年金額はつかない）令和7年度（女性は令和12年度）で終了

（注）原則として、現在は特別支給の老齢厚生年金の「定額部分」が受けられる新たな受給資格者は発生しない
　　　（対象となる昭和29年4月1日以前の生まれは、原則としてすでに年金を受給している）

生年月日別老齢厚生年金の受給年齢と形態

❷特別支給の老齢厚生年金（報酬比例部分のみ）

生　年　月　日	受　給　期　間
昭16（21）.4.2～昭18（23）.4.1	60歳～61歳になるまで
昭18（23）.4.2～昭20（25）.4.1	60歳～62歳になるまで
昭20（25）.4.2～昭22（27）.4.1	60歳～63歳になるまで
昭22（27）.4.2～昭24（29）.4.1	60歳～64歳になるまで
昭24（29）.4.2～昭28（33）.4.1	60歳～65歳になるまで
昭28（33）.4.2～昭30（35）.4.1	61歳～65歳になるまで
昭30（35）.4.2～昭32（37）.4.1	62歳～65歳になるまで
昭32（37）.4.2～昭34（39）.4.1	63歳～65歳になるまで
昭34（39）.4.2～昭36（41）.4.1	64歳～65歳になるまで

（　）内は女性
●昭和28.4.2以後生まれは繰り上げ（減額）受給する
　場合、老齢基礎年金の繰り上げ（減額）と同時に請求

■受給資格
●老齢基礎年金の受給資格期間がある
●厚生年金保険の期間が1年以上ある

❶老齢厚生年金
■受給資格
●老齢基礎年金の受給資格期間がある
●厚生年金保険の期間が1月以上ある
※70歳になるまで繰り下げて受けることも可能

61歳～64歳（女性60歳～64歳）	65歳
特別支給の老齢厚生年金（報酬比例部分）	本来の老齢厚生年金（報酬比例）
	老　齢　基　礎　年　金

■退職している44年以上加入者・障害者で特別支給の「定額部分」が受けられる場合

上述のとおり、現在は原則として特別支給の老齢厚生年金の「定額部分」の新規の受給対象者は発生しませんが、厚生年金保険の被保険者期間が 44 年以上ある退職者か、3級以上の障害等級に該当している退職者は、下表に該当する年齢から「定額部分＋報酬比例部分」が受けられます。

生年月日 （カッコ内は女性）	特別支給の 受給期間
昭28（昭33）.4.1以前生	60歳～65歳になるまで
昭28（昭33）.4.2～昭30（昭35）.4.1	61歳～65歳になるまで
昭30（昭35）.4.2～昭32（昭37）.4.1	62歳～65歳になるまで
昭32（昭37）.4.2～昭34（昭39）.4.1	63歳～65歳になるまで
昭34（昭39）.4.2～昭36（昭41）.4.1	64歳～65歳になるまで
昭36（昭41）.4.2以後	特別支給は受けられない

平均標準報酬月額等の計算方法

●平均標準報酬月額

平均標準報酬月額	=	平成15年3月までの被保険者期間中の各月の標準報酬月額の総額	÷	被保険者月数

　総報酬制実施前（平成15年3月以前）の期間について用いられる標準報酬月額は、上記が原則であるが、過去の経緯から次のような取扱いがされる

① 昭和32年10月以後の期間の標準報酬（1万円未満は1万円）だけで平均標準報酬月額を計算する

② 昭和32年10月以後の期間が3年以上ない人は、最終3年間の標準報酬月額で平均、全被保険者期間が3年ない人は全被保険者期間の標準報酬月額で平均する

③ 昭和32年10月以後の各月について下表の再評価率をかけたものを、そのときの標準報酬として平均する

④ 昭和32年10月より前から被保険者である人で、昭和51年8月以後にも被保険者期間のある人の平均標準報酬月額は下の計算式を用いて算出する

⑤ 平成15年4月1日前に被保険者期間があれば、（70,477円×改定率）未満の平均標準報酬月額は（70,477円×改定率）とする

※改定率とは、マクロ経済スライドによる改定率（令和5年度は1.015）

平均標準報酬月額	=	(	32.10～51.7の平均標準報酬月額	×	32.9以前の期間をふくむ51.7までの月数	+	51.8以後の平均標準報酬月額	×	51.8以後の月数	)	÷	全被保険者月数

●平均標準報酬額

　平成15年4月以後の被保険者期間に用いられる平均標準報酬額は、各月の標準報酬月額と賞与額を左表の率で再評価し、その合計額を被保険者月数で除して算出する

平均標準報酬額	=	(	H15.4以後の各月の標準報酬月額（再評価後）の合計	+	H15.4以後の標準賞与額（再評価後）の合計	)	÷	H15.4以後の被保険者月数

■標準報酬月額・標準報酬額の再評価率

期間区分※1	令和5年度再評価率※2	平成6年水準の再評価率※3	期間区分	令和5年度再評価率※2	平成6年水準の再評価率※3
昭48.11～昭50. 3	2.849	2.640	平13. 4～平14. 3	0.985	0.917
昭50. 4～昭51. 7	2.425	2.250	平14. 4～平15. 3	0.991	0.917
昭51. 8～昭53. 3	2.005	1.860	平15. 4～平16. 3	0.994	0.917
昭53. 4～昭54. 3	1.844	1.710	平16. 4～平17. 3	0.995	0.917
昭54. 4～昭55. 9	1.747	1.620	平17. 4～平18. 3	0.977	0.923
昭55.10～昭57. 3	1.573	1.460	平18. 4～平19. 3	0.977	0.926
昭57. 4～昭58. 3	1.498	1.390	平19. 4～平20. 3	0.994	0.924
昭58. 4～昭59. 3	1.446	1.340	平20. 4～平21. 3	0.978	0.924
昭59. 4～昭60. 9	1.391	1.290	平21. 4～平22. 3	0.990	0.914
昭60.10～昭62. 3	1.316	1.220	平22. 4～平23. 3	0.995	0.927
昭62. 4～昭63. 3	1.282	1.190	平23. 4～平24. 3	0.998	0.934
昭63. 4～平元. 11	1.250	1.160	平24. 4～平25. 3	1.000	0.937
平元. 12～平 3. 3	1.174	1.090	平25. 4～平26. 3	1.002	0.937
平 3. 4～平 4. 3	1.121	1.040	平26. 4～平27. 3	0.973	0.932
平 4. 4～平 5. 3	1.090	1.010	平27. 4～平28. 3	0.968	0.909
平 5. 4～平 6. 3	1.067	0.990	平28. 4～平29. 3	0.971	0.909
平 6. 4～平 7. 3	1.047	0.990	平29. 4～平30. 3	0.967	0.910
平 7. 4～平 8. 3	1.025	0.990	平30. 4～平31. 3	0.958	0.910
平 8. 4～平 9. 3	1.013	0.990	平31. 4～令 2. 3	0.955	0.903
平 9. 4～平10. 3	1.000	0.990	令 2. 4～令 3. 3	0.952	0.899
平10. 4～平11. 3	0.987	0.990	令 3. 4～令 4. 3	0.954	0.900
平11. 4～平12. 3	0.986	0.990	令 4. 4～令 5. 3	0.930	0.904
平12. 4～平13. 3	0.986	0.917	令 5. 4～令 6. 3	0.930	0.879

※1：昭和48年10月以前の期間分は省略
※2：昭和31年4月2日以降生まれの人の本来の年金額計算に用いる標準報酬の再評価率
　　（昭和31年4月1日以前生まれの人の再評価率は省略）
※3：平成6年の水準で標準報酬を再評価（従前額保障）し、年金額を計算するための再評価率

60歳以降在職者の年金制度への加入

●60歳以降も厚生年金保険の適用事業所に勤めていれば、70歳になるまで被保険者となり、同時に国民年金には65歳になるまで第2号被保険者として加入する

●70歳以降も働く場合は、厚生年金保険の被保険者にはならない（70歳の誕生日の前日に被保険者資格を喪失　事業主が「厚生年金被保険者資格喪失届」を年金事務所に届出する）

※国民年金の受給資格期間（原則10年以上）に満たない人は、退職していても65歳になるまで（昭和40年4月1日以前生まれは70歳になるまで）第1号被保険者として任意加入できる

■60歳以上の「在職者」の年金制度加入と支給調整のしくみ

	60歳	65歳	70歳	退職	終身
国民年金	第2号被保険者※		加入しない		
厚生年金保険	被保険者（保険料負担）			加入しない	
年金の支給調整	60歳台前半の在職老齢年金		65歳以降の在職老齢年金		満額受給

※第2号被保険者としての保険料は60歳前と同様、厚生年金保険料から拠出されるので個別の負担はない

●70歳以降も働く場合は、厚生年金保険の被保険者にはならないが、在職老齢年金による年金額調整の対象になるので、事業主は各種の届出が必要となる

要　　件	厚生年金に関する届出書類	届出期限
70歳以上の人を雇用した	「70歳以上被用者該当・不該当届」※1	5日以内
70歳到達後も継続雇用	「70歳以上被用者該当・不該当届」※2	5日以内
報酬の変更・賞与の支払いがあった	「70歳以上被用者月額変更・賞与支払届」	月変速やかに 賞与5日以内
7月1日に70歳以上の人を雇用している	「70歳以上被用者算定基礎届」	7月10日迄
70歳以上の人が退職・死亡した	「70歳以上被用者該当・不該当届」※3	5日以内
2カ所以上の事業所に勤務となった	「70歳以上被用者所属選択・二以上事業所勤務届」※4	10日以内

※1）「年金手帳」「健康保険被保険者資格取得届」を添付　　※3）「健康保険被保険者資格喪失届」を添付
※2）「厚生年金保険被保険者資格喪失届」を添付　　※4）被用者が選択した年金事務所に提出

●　70歳以上は在職していても被保険者とはならないので、標準報酬月額や標準賞与額という考え方はない　しかし、在職老齢年金のしくみを適用するためにはこれらの考え方が必要となるため、70歳以上の人も、もし被保険者であったならそのときの給与の額、及び賞与の額によって該当するであろう「標準報酬月額相当額」、「標準賞与額相当額」を用いて「総報酬月額相当額」を計算し、その額を65歳以降の在職老齢年金の支給停止の計算に用いる

$$ \boxed{\begin{array}{c}70歳以上の在職者の\\総報酬月額相当額\end{array}} = \boxed{\begin{array}{c}標準報酬月額\\相　当　額\end{array}} + \left(\boxed{\begin{array}{c}その月以前1年間の\\標準賞与額相当額の総額\end{array}} \div 12 \right) $$

老後の年金額　計算一覧

報酬比例部分の老齢厚生年金は、原則マクロ経済スライド調整による年金額（ⓐ）を受けるが、平成12年改正による5%適正化前の年金額（ⓑ）と比較して多い方の額が受けられる（65歳からの老齢厚生年金も同様）

ⓐ

| マクロ経済スライドによる本来額 | = (| ❶総報酬制実施前の期間分（平成15年3月まで） | + | ❷総報酬制実施後の期間分（平成15年4月以降） |) |

平均標準報酬月額 × $\frac{7.125}{1000}$ × 被保険者月数
（令和5年度 再評価率:12頁）（生年月日に応じて 表-1 Aの率に読替え）（平成15年3月まで）

平均標準報酬額 × $\frac{5.481}{1000}$ × 被保険者月数
（令和5年度 再評価率:12頁）（生年月日に応じて 表-1 Bの率に読替え）（平成15年4月以降）

ⓑ

| 5%適正化前の従前保障額 | = (| ❶総報酬制実施前の期間分（平成15年3月まで） | + | ❷総報酬制実施後の期間分（平成15年4月以降） |) × 従前額改定率 ※（令和4年度1.014） |

平均標準報酬月額 × $\frac{7.5}{1000}$ × 被保険者月数
（平成6年度 再評価率:12頁）（生年月日に応じて 表-1 Cの率に読替え）（平成15年3月まで）

平均標準報酬額 × $\frac{5.769}{1000}$ × 被保険者月数
（平成6年度 再評価率:12頁）（生年月日に応じて 表-1 Dの率に読替え）（平成15年4月以降）

※昭和13年4月1日以前生まれの従前額改定率は1.016

〈表－1〉

生年月日	本来の報酬比例部分 乗率		従前額保証の報酬比例部分 乗率		E 定額単価 支給乗率
	A 平成15年3月以前の期間	B 平成15年4月以後の期間	C 平成15年3月以前の期間	D 平成15年4月以後の期間	
	1000分の	1000分の	1000分の	1000分の	
大15.4.2～昭 2.4.1	9.500	7.308	10.00	7.692	1.875
昭 2.4.2～昭 3.4.1	9.367	7.205	9.86	7.585	1.817
昭 3.4.2～昭 4.4.1	9.234	7.103	9.72	7.477	1.761
昭 4.4.2～昭 5.4.1	9.101	7.001	9.58	7.369	1.707
昭 5.4.2～昭 6.4.1	8.968	6.898	9.44	7.262	1.654
昭 6.4.2～昭 7.4.1	8.845	6.804	9.31	7.162	1.603
昭 7.4.2～昭 8.4.1	8.712	6.702	9.17	7.054	1.553
昭 8.4.2～昭 9.4.1	8.588	6.606	9.04	6.954	1.505
昭 9.4.2～昭10.4.1	8.465	6.512	8.91	6.854	1.458
昭10.4.2～昭11.4.1	8.351	6.424	8.79	6.762	1.413
昭11.4.2～昭12.4.1	8.227	6.328	8.66	6.662	1.369
昭12.4.2～昭13.4.1	8.113	6.241	8.54	6.569	1.327
昭13.4.2～昭14.4.1	7.990	6.146	8.41	6.469	1.286
昭14.4.2～昭15.4.1	7.876	6.058	8.29	6.377	1.246
昭15.4.2～昭16.4.1	7.771	5.978	8.18	6.292	1.208
昭16.4.2～昭17.4.1	7.657	5.890	8.06	6.200	1.170
昭17.4.2～昭18.4.1	7.543	5.802	7.94	6.108	1.134
昭18.4.2～昭19.4.1	7.439	5.722	7.83	6.023	1.099
昭19.4.2～昭20.4.1	7.334	5.642	7.72	5.938	1.065
昭20.4.2～昭21.4.1	7.230	5.562	7.61	5.854	1.032
昭21.4.2以後生れ	7.125	5.481	7.50	5.769	1.000

それぞれの子が18歳になった月以後の3月31日まで（身体に障害のある子は20歳になるまで）

〈表－2〉

区　分	加給年金額
配偶者	228,700円
子1人目・2人目	各 228,700円
子3人目～	各 76,200円

〈表－3〉

本人の生年月日	配偶者特別加算
昭 9.4.2～昭15.4.1	33,800円
昭15.4.2～昭16.4.1	67,500円
昭16.4.2～昭17.4.1	101,300円
昭17.4.2～昭18.4.1	135,000円
昭18.4.2以後	168,800円

60～64歳
▼
特別支給の老齢厚生年金（報酬比例部分）※生年月日によって「定額部分」

定額部分ⓒが受けられる人の加算↓

加給年金額
配偶者特別加算

＊報酬比例部分には加給年金額、配偶者特別加算はつかない

自営業者等の 受に方

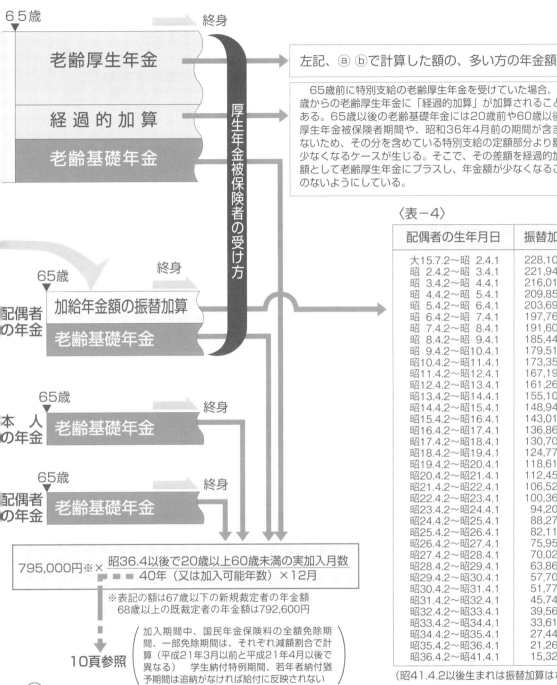

65歳 ▼ → 終身

老齢厚生年金

経 過 的 加 算

老齢基礎年金

厚生年金被保険者の受け方

左記、ⓐ ⓑで計算した額の、多い方の年金額

　　65歳前に特別支給の老齢厚生年金を受けていた場合、65歳からの老齢厚生年金に「経過的加算」が加算されることがある。65歳以後の老齢基礎年金には20歳前や60歳以後の厚生年金被保険者期間や、昭和36年4月前の期間が含まれないため、その分を含めている特別支給の定額部分より額が少なくなるケースが生じる。そこで、その差額を経過的加算額として老齢厚生年金にプラスし、年金額が少なくなることのないようにしている。

65歳 ▼　　　　終身

配偶者の年金

加給年金額の振替加算

老齢基礎年金

65歳 ▼　　　　終身

本人の年金

老齢基礎年金

65歳 ▼　　　　終身

配偶者の年金

老齢基礎年金

$$795{,}000円※ × \frac{昭36.4以後で20歳以上60歳未満の実加入月数}{40年（又は加入可能年数）× 12月}$$

※表記の額は67歳以下の新規裁定者の年金額
　68歳以上の既裁定者の年金額は792,600円

10頁参照

加入期間中、国民年金保険料の全額免除期間、一部免除期間は、それぞれ減額割合で計算（平成21年3月以前と平成21年4月以後で異なる）　学生納付特例期間、若年者納付猶予期間は追納がなければ給付に反映されない

〈表－4〉

配偶者の生年月日	振替加算
大15.7.2〜昭 2.4.1	228,100 円
昭 2.4.2〜昭 3.4.1	221,941
昭 3.4.2〜昭 4.4.1	216,011
昭 4.4.2〜昭 5.4.1	209,852
昭 5.4.2〜昭 6.4.1	203,693
昭 6.4.2〜昭 7.4.1	197,763
昭 7.4.2〜昭 8.4.1	191,604
昭 8.4.2〜昭 9.4.1	185,445
昭 9.4.2〜昭10.4.1	179,515
昭10.4.2〜昭11.4.1	173,356
昭11.4.2〜昭12.4.1	167,197
昭12.4.2〜昭13.4.1	161,267
昭13.4.2〜昭14.4.1	155,108
昭14.4.2〜昭15.4.1	148,949
昭15.4.2〜昭16.4.1	143,019
昭16.4.2〜昭17.4.1	136,860
昭17.4.2〜昭18.4.1	130,701
昭18.4.2〜昭19.4.1	124,771
昭19.4.2〜昭20.4.1	118,612
昭20.4.2〜昭21.4.1	112,453
昭21.4.2〜昭22.4.1	106,523
昭22.4.2〜昭23.4.1	100,364
昭23.4.2〜昭24.4.1	94,205
昭24.4.2〜昭25.4.1	88,275
昭25.4.2〜昭26.4.1	82,116
昭26.4.2〜昭27.4.1	75,957
昭27.4.2〜昭28.4.1	70,027
昭28.4.2〜昭29.4.1	63,868
昭29.4.2〜昭30.4.1	57,709
昭30.4.2〜昭31.4.1	51,779
昭31.4.2〜昭32.4.1	45,740
昭32.4.2〜昭33.4.1	39,565
昭33.4.2〜昭34.4.1	33,619
昭34.4.2〜昭35.4.1	27,444
昭35.4.2〜昭36.4.1	21,269
昭36.4.2〜昭41.4.1	15,323

（昭41.4.2以後生まれは振替加算はなし）

Ⓒ
生年月日により「定額部分」の老齢厚生年金が受けられていた人（9頁参照）は、下式により計算した額が受けられ、さらに対象者は加給年金額、配偶者特別加算が受けられる
なお、原則として新規の「定額部分」の受給対象者は発生しない

定額部分 ＝1,628円 × 改定率 × 支給乗率 × 被保険者月数

マクロ経済スライドによる
改定率（令和5年度は1.015）

生年月日に応じて
表-1 Eの率に読替え

年金生活者支援給付金の概要

　年金生活者支援給付金は、公的年金等の収入金額や所得が一定基準額以下の人に、生活支援を目的として、年金に上乗せして支給している。対象者には「日本年金機構」から請求手続きの書類が郵送されてくる（すでに受給している場合は手続き不要）。

■ 老齢年金生活者支援給付金
【支給要件】以下の支給要件をすべて満たしている人が対象となる。
　(1)65歳以上の老齢基礎年金の受給者である。
　(2)同一世帯の全員が市町村民税非課税である。
　(3)前年の公的年金等の収入金額※1)とその他の所得との合計額が881,200円以下である。
【給付額】5,140円（月額:令和5年度）を基準に、保険料納付済期間に基づく額を算出。

■ 障害年金生活者支援給付金
【支給要件】以下の支給要件をすべて満たしている人が対象となる。
　(1)障害基礎年金の受給者である。
　(2)前年の所得※2)が4,721,000円※3)以下である。
【給付額】障害等級2級:5,140円（月額:令和5年度）
　　　　　障害等級1級:6,425円（月額:令和5年度）

■ 遺族年金生活者支援給付金
【支給要件】以下の支給要件をすべて満たしている人が対象となる。
　(1)遺族基礎年金の受給者である。
　(2)前年の所得※2)が4,721,000円※3)以下である。
【給付額】5,140円（月額:令和5年度）※4)

※1)障害年金・遺族年金等の非課税収入は含まれない。
※2)障害年金・遺族年金等の非課税収入は、年金生活者支援給付金の判定に用いる所得には含まれない。
※3)扶養親族の数に応じて増額あり。
※4)2人以上の子が遺族基礎年金を受給している場合は、5,140円を子の数で割った額がそれぞれに支払われる。

【問い合わせ】年金給付金専用ダイヤル
0570-05-4092（ナビダイヤル）
050から始まる電話の場合は（東京）03-5539-2216

【受付時間】
●月曜日午前8時30分〜午後7時00分
　（月曜日が祝日の場合は、翌開所日に午後7時00分まで）
●火〜金曜日午前8時30分〜午後5時15分
●第2土曜日午前9時30分〜午後4時00分
※祝日（第2土曜日を除く）、12月29日〜1月3日は利用不可。

在職老齢年金の受け方

　60歳以上の在職者は、在職老齢年金のしくみによる老齢厚生年金額の一部または全額の支給停止が行われる。以前は、支給停止の方法は60歳台前半と65歳以降とで異なっていたが、令和4年4月からは60歳以降の支給停止方法はすべて、これまでの65歳以降の支給停止方法に統一されている。

在職老齢年金の支給調整方法

　60歳以上の在職者の在職老齢年金は、基本月額と総報酬月額相当額の合計により、年金額の一部又は全部が次のような方法で支給停止される。基本月額は年金月額のことをいい、総報酬月額相当額は、給与月額にその月以前1年間の標準賞与額の合計額を12で割って月額換算した額を加算した額をいう。

① 老齢厚生年金（加給年金額を除く）の12分の1（基本月額）と総報酬月額相当額との合計が48万円以下なら、支給停止はなく年金を全額受けられる。

② 基本月額と総報酬月額相当額の合計が48万円を超える場合、48万円を超えた額の2分の1が、基本月額から支給停止される。

※支給停止の基準となる額が賃金や物価の変動に応じ毎年度自動改定される。（令和5年度額は48万円）。

〈令和5年度〉

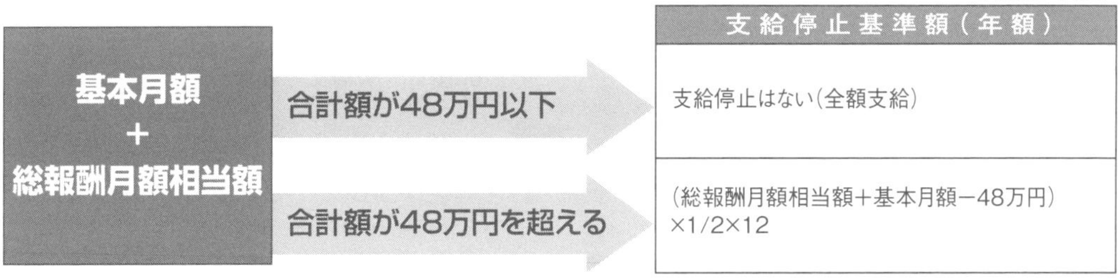

基本月額 ＋ 総報酬月額相当額	合計額が48万円以下	支 給 停 止 基 準 額（年 額）
		支給停止はない（全額支給）
	合計額が48万円を超える	（総報酬月額相当額＋基本月額－48万円）×1/2×12

●総報酬月額相当額＝その月の標準報酬月額＋ $\dfrac{その月以前の1年間の標準賞与額の合計額}{12}$

●支給停止額算出の結果、全部支給停止になる場合は加給年金額も支給停止になります。

厚生年金基金加入員期間のある場合の在職老齢年金の原則的な受け方

（各基金ごとに基金規約でその方法を決める）

＊基金の加入員期間がなかったものとして国で計算された支給停止額を国の年金から先に停止

＊国の年金が全額支給停止になったら、基金の年金も停止額が国の年金支給分を超した分だけ基金の基本年金から支給停止（加算部分は除く）

　厚生年金基金の基本年金は、国の老齢厚生年金の給付を代行する部分なので、在職老齢年金の支給停止も下記のように国に準じて支給停止される

＊70歳以上の在職者の取り扱いは基金毎に規約で定められる

老齢年金の繰上げ受給

老齢基礎年金は本来65歳が支給開始年齢だが、希望すれば60歳以上65歳未満の間に全部繰上げて請求できる　ただし繰り上げ受給した場合、年金は終身にわたり一定の割合で減額されるので注意が必要となる

●繰上げ選択の月数で減額率が異なる

老齢基礎年金の受給資格者が、60歳以上65歳未満の間に繰上げ受給を請求した場合、（繰上げ請求月から65歳になる月の前月までの月数×0.4％）の減額率で計算される

繰上げ減額を受け始めると減額率は終身変わらず、請求後は障害基礎年金や寡婦年金は受けられない

●繰上げ減額率（月単位）

請求時年齢	支給率
60歳	76.0%
61歳	80.8%
62歳	85.6%
63歳	90.4%
64歳	95.2%

❶昭和24年4月2日〜昭和28年4月1日（女性は昭和29年4月2日〜昭和33年4月1日）生まれの人

定額部分が受けられなくなり、60歳〜64歳の間、報酬比例部分相当の老齢厚生年金だけ（加給年金額はつかない）を受けるが、希望すれば「全部繰上げの老齢基礎年金」を受けられる

❷昭和28年4月2日〜昭和36年4月1日（女性は昭和33年4月2日〜昭和41年4月1日）生まれの人

報酬比例部分相当の老齢厚生年金の支給開始年齢が61歳〜64歳に段階的に引き上げられるため、60歳からこの支給開始年齢になるまでの間に請求すれば、老齢厚生年金を繰上げ（減額）て受けられる　この場合、老齢基礎年金も同時に請求することになる（減額率は月0.4％）

❸昭和36年（女性は昭和41年）4月2日以後生まれの人

60歳台前半の年金がなくなるため、60歳〜65歳の間に請求すれば老齢厚生年金と老齢基礎年金の両方を同時に繰上げ（減額）て受けられる（減額率は月0.4％）

◆「老齢基礎年金」と「老齢厚生年金の定額部分」とが繰上げ併給される場合

❶ 全部繰上げの老齢基礎年金と老齢厚生年金等の併給

　　65歳未満で報酬比例部分および定額部分が受けられる昭和21年4月2日～昭和29年4月1日以前生まれの女性（※）が、「全部繰上げの老齢基礎年金」を請求した場合、定額部分の支給開始年齢から経過的加算相当額（定額部分から厚生年金加入期間にかかる老齢基礎年金額を差し引いた額）が併給される　また受給資格があれば加給年金額も同時に受けられる

（※）男性の対象者は昭和24年4月1日以前生まれ（65歳以上）なので、原則として全部繰上げの新たな対象者は発生しない

《昭和21年4月2日～昭和29年4月1日生まれの女性》

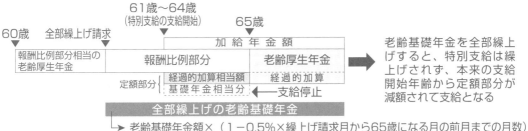

老齢基礎年金額×（1－0.5%×繰上げ請求月から65歳になる月の前月までの月数）

❷ 一部繰上げの老齢基礎年金と老齢厚生年金の併給

　　昭和29年4月1日以前生まれの女性は、「一部繰上げの老齢基礎年金」を請求する方法もある　この場合、上記の「全部繰上げの老齢基礎年金」かいずれか一方を選択する

　　ただし一部繰上げの請求は、60歳から定額部分の支給開始年齢になる月の前月までの間の請求しなければならない

　　一部繰上げの老齢基礎年金を選択すると、報酬比例部分に合わせ、繰上げ請求時から繰上げ調整額（定額部分の繰上げ減額分）が受けられ、特別支給の本来の受給開始時から加給年金額が併せて受けられる

《昭和29年4月1日以前生まれの女性》

ⓐ ＝繰上げ請求月から特別支給開始年齢になる月の前月までの月数
ⓑ ＝繰上げ請求月から65歳になる月の前月までの月数

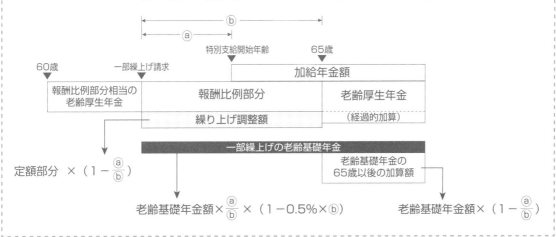

老齢年金の繰下げ受給

65歳から受け始める老齢基礎年金・老齢厚生年金は、希望により75歳（令和4年3月までは70歳）まで繰下げて受けられる　繰下げた場合は増額された年金を終身受けられる

●66歳から75歳まで繰下げが可能

繰下げた年金を受ける場合は、請求月の翌月分から支給となる　75歳以降に繰下げても、75歳以降の繰下げ分は増額にはならないので、通常は75歳到達月までに請求する

●加算額が上乗せされる

老齢基礎年金・老齢厚生年金を繰下げた場合は、繰下げ後の受給時から増額された年金（繰下げ加算額を上乗せ）が終身受けられる

具体的には、繰下げをしない場合の本来の年金額（経過的加算額を含む）に、繰下げた期間に応じて1月当たり0.7％が繰下げ加算額として加算される

在職、退職を問わず繰下げ受給は可能だが、老齢厚生年金は在職老齢年金のしくみにより年金額が支給停止されている場合は、その停止額は繰下げの対象にはならず、実際に支給となっている額に対して繰下げ加算額が計算される

また、繰下げ期間中は加給年金額は支給停止される（支給後の増額はない）

■ 老齢厚生年金繰下げ受給のしくみ

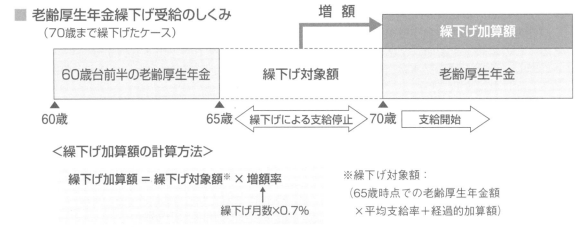

＜繰下げ加算額の計算方法＞

繰下げ加算額 ＝ 繰下げ対象額※ × 増額率

繰下げ月数×0.7％

※繰下げ対象額：
（65歳時点での老齢厚生年金額
×平均支給率＋経過的加算額）

●年金受給開始時期の繰下げによる増額率（令和4年4月1日〜）

請求時の年齢	65歳	66歳	67歳	68歳	69歳	70歳	71歳	72歳	73歳	74歳	75歳
	増減なし	月額 0.7％増額									
増減額率	100%	108.4%	116.8%	125.2%	133.6%	142%	150.4%	158.8%	167.2%	175.6%	184%

●繰下げの手続き

60歳台前半の老齢厚生年金を受けていた人は、65歳の誕生月前に日本年金機構から送付される「年金請求書」（ハガキ形式）の支給繰下げ申請記入欄にその旨を記入する　老齢厚生年金・老齢基礎年金のどちらか一方のみを繰下げする場合は、該当の希望欄に○印を記入して返送する　両方を繰下げる場合は「年金請求書」（ハガキ形式）を提出しないでおき、繰下げ受給を開始したいときに「請求書」を提出する　66歳前に通常の裁定請求した場合は、その後に繰下げはできない

離婚時の厚生年金分割制度

　離婚等をしたときに厚生年金の保険料納付記録を当事者間で年金額に反映させて分割することができる　当事者間で協議して被保険者期間を合意分割する制度と、被扶養者の第3号被保険者期間中の夫の厚生年金被保険者期間が自動的に50％分割される制度がある

■離婚時の厚生年金の分割（合意分割）

　平成19年4月以降に成立した離婚については、婚姻期間中の厚生年金の保険料納付記録（夫婦合計、平成19年4月前の婚姻期間も含む）を、当事者間で分割することができる　離婚当事者は、按分割合（婚姻期間中の保険料納付記録の夫婦合計のうち、分割を受ける側の分割後の持ち分は50％が上限）について合意した上で、分割の請求（離婚成立から2年以内が期限）を行う　合意しない場合は、裁判手続きにより按分割合を定める　分割を受けた側は、増えた保険料納付記録を基に計算された年金を受けることになる

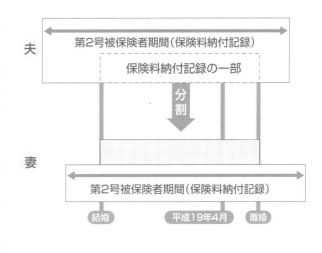

■離婚時の第3号期間に係る分割（3号分割）

　平成20年4月1日以降に成立した離婚においては、第3号被保険者期間に係る夫（第2号被保険者）の厚生年金の保険料納付記録の50％を自動的に分割することがでる

　平成20年4月1日前の第3号被保険者期間については自動分割はできず、当事者間の合意または裁判手続きにより按分割合を定めた場合に分割できる

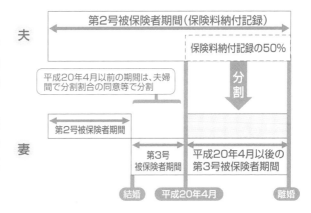

■合意分割と3号分割の関係

　平成20年4月以降に合意分割を請求した場合で、その対象期間に3号分割の対象となる期間が含まれるときは、合意分割の請求と同時に3号分割の請求があったものとみなされる　平成20年4月以降の第3号被保険者期間について50％を分割し、3号分割後の当事者双方の保険料納付記録の合計をもとに按分割合を決定し、年金額を改定することになる

＜情報提供の請求手続き＞

　年金分割のための按分割合を決めるために、離婚当事者は日本年金機構に対して必要な情報（分割の対象となる期間、保険料納付記録、按分割合の範囲等）の提供を請求することができる　情報提供の請求は、離婚する前でも離婚した後でも行うことができる　当事者双方または一方から請求することができる　また50歳以上で老齢基礎年金の受給資格を満たしている場合は、分割後の年金見込額を試算してもらえる

障害になったときの年金

●障害になったときの年金には、国民年金の**障害基礎年金**、厚生年金保険の**障害厚生年金**がある
●自営業者とその家族、国民年金の第3号被保険者は障害基礎年金が受けられる
●厚生年金被保険者は障害基礎年金に上乗せして障害厚生年金が受けられる
●これとは別に、業務上や通勤災害による障害の場合に、労災保険から障害補償年金（障害年金）が減額して併給できる

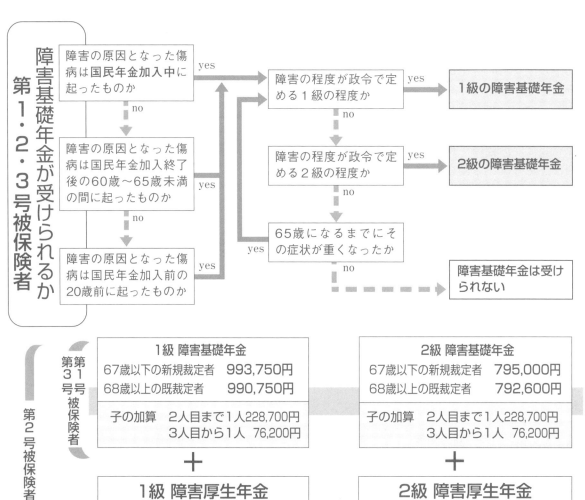

障害基礎年金が受けられるか　第1・2・3号被保険者

- 障害の原因となった傷病は国民年金加入中に起ったものか → no →
- 障害の原因となった傷病は国民年金加入終了後の60歳〜65歳未満の間に起ったものか → no →
- 障害の原因となった傷病は国民年金加入前の20歳前に起ったものか

→ yes → 障害の程度が政令で定める1級の程度か → yes → **1級の障害基礎年金**
→ no → 障害の程度が政令で定める2級の程度か → yes → **2級の障害基礎年金**
→ no → 65歳になるまでにその症状が重くなったか → no → 障害基礎年金は受けられない

第第31号号被保険者

1級 障害基礎年金	2級 障害基礎年金
67歳以下の新規裁定者　993,750円	67歳以下の新規裁定者　795,000円
68歳以上の既裁定者　　990,750円	68歳以上の既裁定者　　792,600円
子の加算　2人目まで1人228,700円　3人目から1人　76,200円	子の加算　2人目まで1人228,700円　3人目から1人　76,200円

＋

第2号被保険者

1級 障害厚生年金　報酬比例の年金×1.25	2級 障害厚生年金　報酬比例の年金
配偶者の加給年金額　228,700円	配偶者の加給年金額　228,700円

報酬比例の厚生年金額（マクロ経済スライド年金額）

・原則として老齢厚生年金（報酬比例部分）と同様の年金額計算方法を用いる（14頁参照）

・マクロ経済スライドによる本来額（14頁ⓐ）、5％適正化の従前保障額（14頁ⓑ）とを比較して、多い方の額が受けられることも同様

（注）被保険者月数が300月未満の場合は実月数で計算し（300÷被保険者月数）で得た率を乗じ300月を保障

●障害の程度は、初診日から1年6カ月たった日か、それ以前に症状が固定した日現在の状態によって認定される（これを障害認定日という）
●障害手当金の障害認定日は初診日から5年たった日、又は症状固定日
●傷病の初診月の前々月までに被保険者期間の3分の1以上保険料の滞納がない（保険料納付か保険料免除）こと（ただし令和8年3月までは、3分の1以上の滞納があっても初診月の前々月までの直近の1年間に保険料の滞納がなければよい）

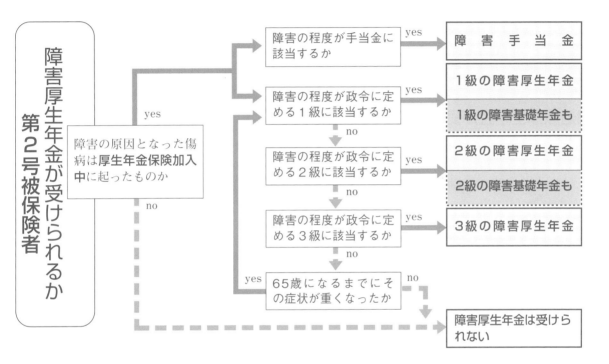

●加給年金額は生計維持関係のある配偶者が対象、子の加算は生計維持関係のある18歳になった月以後の最初の3月31日まで（障害者は20歳未満）の未婚の子が対象となる
●障害の程度に変化があると該当する等級の年金額に改定される
●3級の障害にも該当しなくなったときは、65歳になるまで支給停止

3級 障害厚生年金 報酬比例の年金	障害手当金［一時金］ 報酬比例の年金 × 2
67歳以下の新規裁定者の最低保障　596,300円	67歳以下の新規裁定者の最低保障　1,192,600円
68歳以上の既裁定者の最低保障　　594,500円	68歳以上の既裁定者の最低保障　　1,189,000円

障害基礎年金と老齢厚生年金等の併給
　厚生年金保険の加入実績のある障害者が65歳になった場合は、次のいずれかの受け方から選択することが可能となっている
❶障害基礎年金＋障害厚生年金　❷障害基礎年金＋老齢厚生年金　❸障害基礎年金＋遺族厚生年金
　なお、❷の受け方を選択した場合、障害基礎年金で子の加算が行われていれば、老齢厚生年金ではその子についての加給年金額は支給停止となる

遺族が受ける年金

■遺族基礎年金が受けられる場合

　国民年金の第1号被保険者（自営業者、20歳以上の学生等）や第2号被保険者（厚生年金被保険者等）が死亡したとき、次の①、②のどちらかの保険料納付に関する要件に該当し、かつその遺族が**死亡者に生計を維持されていた**"**子のある配偶者**"（内縁関係を含む）または"**子**"である場合、遺族基礎年金が受けられる　ここでいう子とは、18歳未満（18歳に達した日以後の最初の3月31日まで、障害者は20歳未満）の未婚の子をいう

① 死亡日の前日において、死亡月の前々月までの被保険者期間のうち、保険料の納付済期間と免除期間をあわせた期間が3分の2以上あること

② 平成38年3月末までは、死亡日の前日において、死亡月の前々月までの直近1年間保険料の滞納がないこと

■遺族厚生年金が受けられる場合

　死亡者が次の①〜④のいずれかに該当したとき、その遺族は遺族厚生年金が受けられる

① 厚生年金保険の被保険者が在職中に死亡したとき

② 厚生年金保険の被保険者が退職後、被保険者期間中の傷病が原因で初診日から5年以内に死亡したとき

③ 1級または2級の障害厚生年金を受けている人が死亡したとき

④ 老齢厚生年金を受けている人や、受ける資格期間のある人が死亡したとき

　①と②は、前記の遺族基礎年金の保険料納付要件を満たしていることが必要

■遺族年金額の計算方法

● 死亡者が第1号被保険者の場合は下記❶の計算額となる

● 死亡者が第2号被保険者の場合は次頁❷、又は❶と❷の合計となる

● 子のいない妻は⑴は受けられないので、故人が一定の条件に該当していれば、次頁❷に❸を加算して受けられる

❶遺族基礎年金額

　死亡者の被保険者期間や保険料納付期間の長短に関係なく、次の一律の金額となる

◆67歳以下の新規裁定者の遺族基礎年金額

配偶者と子1人	795,000円※＋228,700円	＝1,023,700円	（全額を配偶者が受給）
配偶者と子2人	795,000円※＋228,700円×2	＝1,252,400円	（全額を配偶者が受給）
配偶者と子3人	795,000円※＋228,700円×2＋76,200円	＝1,348,600円	（全額を配偶者が受給）
子1人	795,000円※	＝ 795,000円	
子2人	795,000円※＋228,700円	＝1,023,700円	（子の数で等分）
子3人	795,000円※＋228,700円＋76,200円	＝1,099,900円	（子の数で等分）

◆68歳以上の既裁定者の遺族基礎年金額

　上式の795,000円（※）を792,600円に読み替えて計算

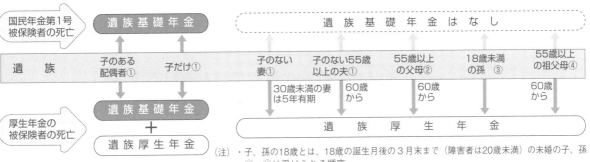

❷遺族厚生年金額

遺族厚生年金額は**報酬比例年金の4分の3相当額**である

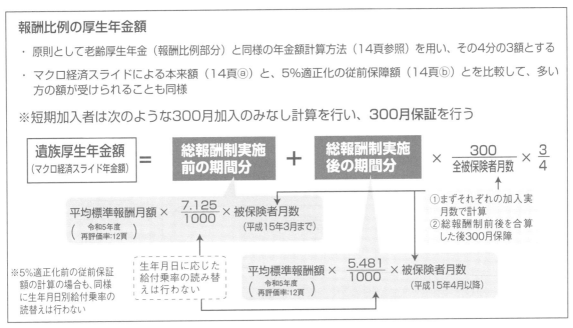

❸中高齢寡婦加算と経過的寡婦加算

　夫が死亡時に子のいない40歳以上の妻が遺族厚生年金を受けるとき、40歳以後65歳になるまでは**中高齢寡婦加算**（596,300円）が受けられる　また65歳以後は、妻の生年月日による下表のような**経過的寡婦加算**が受けられる（また遺族基礎年金受給中は支給停止）

【経過的寡婦加算額の計算】　　　　　　　　　　　　　　　　　　　　　　〈令和5年度価格 / 単位:円〉

生年月日	乗率	経過加算額	生年月日	乗率	経過加算額	生年月日	乗率	経過加算額
昭 2.4.1以前	―	594,500	昭12.4.2～昭13.4.1	432分の132	352,317	昭23.4.2～昭24.4.1	480分の264	158,570
昭 2.4.2～昭 3.4.1	312分の12	564,015	昭13.4.2～昭14.4.1	444分の144	337,441	昭24.4.2～昭25.4.1	480分の276	138,755
昭 3.4.2～昭 4.4.1	324分の24	535,789	昭14.4.2～昭15.4.1	456分の156	323,347	昭25.4.2～昭26.4.1	480分の288	118,940
昭 4.4.2～昭 5.4.1	336分の36	509,579	昭15.4.2～昭16.4.1	468分の168	309,977	昭26.4.2～昭27.4.1	480分の300	99,125
昭 5.4.2～昭 6.4.1	348分の48	485,176	昭16.4.2～昭17.4.1	480分の180	297,275	昭27.4.2～昭28.4.1	480分の312	79,310
昭 6.4.2～昭 7.4.1	360分の60	462,400	昭17.4.2～昭18.4.1	480分の192	277,460	昭28.4.2～昭29.4.1	480分の324	59,495
昭 7.4.2～昭 8.4.1	372分の72	441,094	昭18.4.2～昭19.4.1	480分の204	257,645	昭29.4.2～昭30.4.1	480分の336	39,680
昭 8.4.2～昭 9.4.1	384分の84	421,119	昭19.4.2～昭20.4.1	480分の216	237,830	昭30.4.2～昭31.4.1	480分の348	19,865
昭 9.4.2～昭10.4.1	396分の96	402,355	昭20.4.2～昭21.4.1	480分の228	218,015	昭31.4.2以後生まれは加算されない		
昭10.4.2～昭11.4.1	408分の108	384,694	昭21.4.2～昭22.4.1	480分の240	198,200			
昭11.4.2～昭12.4.1	420分の120	368,043	昭22.4.2～昭23.4.1	480分の252	178,385			

経過的寡婦加算額の計算式(中高齢加算596,300円)－(老齢基礎年金795,000円)×(上表の乗率)〈1円未満四捨五入〉

年金の併給と支給停止・児童手当

公的年金制度間の併給調整と支給停止

- 2つ以上の年金の受給権ができても、1人1年金が原則で、どちらか一方を選択する
- 同一の支給事由による基礎年金と上乗せの被用者年金（旧共済年金を含む厚生年金）は併給される
- 原則として違う支給事由による基礎年金（老齢と障害、障害と遺族、老齢と遺族）が受けられるようになったとき、あるいは違う支給事由による厚生年金（老齢と障害、障害と遺族、老齢と遺族）が受けられるようになったときは 一方を受けて他方は支給停止となる
  ただし、障害基礎年金と老齢厚生年金（または遺族厚生年金）の併給は可能
- 昭和16年4月2日以後生まれの人は繰上げ老齢基礎年金（減額）と報酬比例相当の老齢厚生年金は併給

遺族給付と老齢給付の併給選択肢

- 遺族が老齢厚生年金の受給権を持つ65歳以上の配偶者である場合は、次の①または②の額が自身の老齢厚生年金を上回る場合は、その差額を遺族厚生年金として、自身の老齢厚生年金に上乗せして受給
  ①自身の老齢厚生年金は全額受給
  ②遺族厚生年金の額または遺族厚生年金の3分の2＋自身の老齢厚生年金の2分の1の額

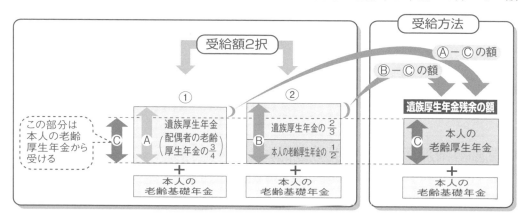

児童手当

「児童手当」は中学校修了前までの児童が対象となっており、令和5年度の給付内容は前年度と同額に据え置きとなっている

- 3歳未満：15,000円
- 小学校修了前（第2子まで）：10,000円
- 小学校修了前（第3子以降）：15,000円
- 中学生：10,000円
- 一定所得以上の場合※：5,000円

※ 所得制限額は、960万円（夫婦・子ども2人世帯）を基準に設定（政令で規定）し、当分の間適用

事業主が全額負担する子ども・子育て拠出金は、事業所の厚生年金保険被保険者の標準報酬月額の総額及び標準賞与額の総額に3.6/1000（令和5年度）の拠出金率をかけた額を、厚生年金保険料と一体に毎月納入する

老齢給付と失業給付の併給調整

● 失業給付（雇用保険の基本手当）と老齢給付（65歳未満の人に支給される老齢厚生年金）の双方を受けられるようになったときは、失業給付の手続きをすると老齢給付の支給が停止される（老齢給付のほうを受給したいときは失業給付の手続きを行わなければよい）

● また高年齢雇用継続給付（雇用保険の高年齢雇用継続基本給付金・高年齢再就職給付金等）を受けている在職者が、同時に65歳未満で老齢厚生年金又は退職共済年金を受けられるときは、在職老齢年金のしくみによる支給停止を行ったうえ、さらに標準報酬月額の6％の範囲内で年金額が支給停止される

■ 基本手当と老齢厚生年金の調整方法

基本手当を受ける間、老齢厚生年金は支給停止される　この場合の支給停止期間とは、公共職業安定所（ハローワーク）に求職の申し込みをした月の翌月から、その申し込みによる基本手当の受給期間（または所定給付日数）の満了月までの間となる（**調整対象期間**）

ただし年金は月単位、基本手当は日単位であることから、基本手当の受給期間（または所定給付日数）が満了時に、支給停止解除月数〔年金停止月数－（基本手当の支給対象日数÷30）〕が1以上のときは、その月数分について年金停止が解除され、直近月より遡って年金が受けられるなど**事後精算**が行われる

基本手当支給	
厚 生 年 金 保 険 の 老 齢 給 付	
全 額 支 給 停 止	支　給

（注）厚生年金基金加入員の併給調整の取扱いは、各基金規約による

■ 在職老齢年金と雇用継続給付の調整方法

65歳未満で在職老齢年金を受けている人が雇用保険の高年齢雇用継続給付等も受けるときは、次のような調整方法がとられる

① 継続雇用の賃金が60歳到達時に比べて75％未満になった場合、高年齢雇用継続給付として「基本給付金」が65歳になるまで受けられる　また、基本手当の一部を受けて60歳以後に再就職し、新賃金が60歳到達時の75％未満になった場合は、基本手当の支給残日数が100日以上のときは1年間、200日以上のときは2年間（65歳到達月を限度）、「再就職給付金」が受けられる

給付金額は、いずれも新賃金の15％を上限として、賃金額等に応じて計算される

② 在職老齢年金とこれらの高年齢雇用継続給付が同時に受けられるときは、雇用継続給付はそのまま受け、在職老齢年金については、在職老齢年金本来の調整を行った上、さらに標準報酬月額の6％の範囲内で減額される調整方法がとられる

年金受給の辞退（支給停止）制度

年金受給権者が希望すれば、基礎年金、厚生年金の各給付とも全額支給停止の申し出ができる

この制度は、単に年金の受取りを辞退したいと希望する人のためのもので、したがって、例えば老齢厚生年金および遺族厚生年金の受給権のある人が、老齢厚生年金のほうの受給を辞退して、遺族厚生年金だけで全額を受けるというような、恣意的な選択をするために利用することはできない

一度受給を停止した年金はいつでも撤回することができ、それ以後の分の年金受給を再開することができる　ただし、受給を辞退していた過去の期間に遡って撤回することはできない

公的年金の保険料

●国民年金の保険料（第1号被保険者）

月額16,520円（令和5年度）
月額16,980円（令和6年度）

国民年金の保険料は、平成29年度以降は16,900円で固定となっている　ただし、この保険料額には改定率（前年度の改定率に名目賃金変動率を掛けた率を基準に設定）が乗じられるため、上記の金額となる

生活扶助受給者や障害基礎年金受給者は保険料の法定免除、所得が一定以下のときなどは申請免除・猶予の制度もある

- 一定の所得以下であれば保険料の全額又は一部が申請免除される制度がある　10年以内に追納もできるが学生納付特例を利用するときは適用されない
- 申請免除は4段階となっているが、免除期間分に相当する年金額は、免除割合に応じて以下のように減額される

《平成21年3月までの免除期間》

全 額 免 除　年金額の3分の1に減額
4分の3免除　年金額の2分の1に減額
半 額 免 除　年金額の3分の2に減額
4分の1免除　年金額の6分の5に減額

《平成21年4月以降の免除期間》

全 額 免 除　年金額の2分の1に減額
4分の3免除　年金額の8分の5に減額
半 額 免 除　年金額の4分の3に減額
4分の1免除　年金額の8分の7に減額

- 20歳以上の学生は申請により保険料が後払いできる特例納付制度がある
- 50歳未満で本人及び配偶者の所得が一定以下の場合、申請すれば50歳になるまで納付が猶予となる（令和7年6月まで）

※猶予期間、特例納付期間は資格期間に通算されるが年金額には反映されない、10年以内に追納すれば年金額に反映される

〈納期〉当月分は翌月納付が原則（口座振替、前納割引〔1年分、2年分〕、早割制度を利用すれば、一定の額が割引きとなる）である　保険料納入の時効は2年間である

●厚生年金保険の毎月の保険料（第2号被保険者）

厚生年金保険被保険者として、標準報酬月額×保険料率で計算された次頁表の厚生年金保険料を負担する（その場合、同時に国民年金保険料も負担した扱いになる）

厚生年金保険料率は、平成29年9月以後は千分の183に固定されている

●厚生年金のボーナス時の保険料

ボーナス（年3回以下の賞与や決算・期末手当等）の支払いを受けたときは　標準賞与額＜支給時ごとに支給額の千円未満を切り捨てた額、150万円を上限＞に月額保険料と同率を乗じて計算した保険料を負担する

●産前産後休業・育児休業中の厚生年金保険料は免除

第2号被保険者が産前産後休業、育児休業をした場合は申請により本人・事業主とも保険料が免除される　この免除期間は子が3歳になるまで　また産前産後期間中・育児期間中、勤務時間の短縮等により賃金が低下しても、年金額が下がらないよう休業前の標準報酬月額で保険料を納付したものとみなされる

さらに休業終了後の給与が下がった場合、随時改定の基準に該当しない少額の低下でも標準報酬月額の改定ができる

〈納期〉毎月および賞与時の厚生年金保険は事業主が翌月末までに事業主負担分を加えて年金事務所に納付する

●第3号被保険者の保険料

厚生年金保険および共済組合加入者の被扶養配偶者（国民年金第3号被保険者）の年金費用は各制度から拠出されるので、国民年金保険料を特に自己負担する必要はない　ただし、そのためには第3号被保険者資格取得届・被保険者種別変更届の提出（事業主経由）が必要となる

過去に会社勤め（厚生年金に加入）した人や、夫が転職して次の就職までに空白期間のある人などで種別変更届していない場合は、未加入期間が生じ年金が受けられない、ある

厚生年金保険料月額

（令和5.9.1現在）

等級	標準報酬月額	報 酬 の 範 囲	一般被保険者 保険料率 183.00/1000	
			全　額	折半額
	円	円以上　円未満	円	円
1	88,000	〜93,000	16,104.00	8,052.00
2	98,000	93,000〜101,000	17,934.00	8,967.00
3	104,000	101,000〜107,000	19,032.00	9,516.00
4	110,000	107,000〜114,000	20,130.00	10,065.00
5	118,000	114,000〜122,000	21,594.00	10,797.00
6	126,000	122,000〜130,000	23,058.00	11,529.00
7	134,000	130,000〜138,000	24,522.00	12,261.00
8	142,000	138,000〜146,000	25,986.00	12,993.00
9	150,000	146,000〜155,000	27,450.00	13,725.00
10	160,000	155,000〜165,000	29,280.00	14,640.00
11	170,000	165,000〜175,000	31,110.00	15,555.00
12	180,000	175,000〜185,000	32,940.00	16,470.00
13	190,000	185,000〜195,000	34,770.00	17,385.00
14	200,000	195,000〜210,000	36,600.00	18,300.00
15	220,000	210,000〜230,000	40,260.00	20,130.00
16	240,000	230,000〜250,000	43,920.00	21,960.00
17	260,000	250,000〜270,000	47,580.00	23,790.00
18	280,000	270,000〜290,000	51,240.00	25,620.00
19	300,000	290,000〜310,000	54,900.00	27,450.00
20	320,000	310,000〜330,000	58,560.00	29,280.00
21	340,000	330,000〜350,000	62,220.00	31,110.00
22	360,000	350,000〜370,000	65,880.00	32,940.00
23	380,000	370,000〜395,000	69,540.00	34,770.00
24	410,000	395,000〜425,000	75,030.00	37,515.00
25	440,000	425,000〜455,000	80,520.00	40,260.00
26	470,000	455,000〜485,000	86,010.00	43,005.00
27	500,000	485,000〜515,000	91,500.00	45,750.00
28	530,000	515,000〜545,000	96,990.00	48,495.00
29	560,000	545,000〜575,000	102,480.00	51,240.00
30	590,000	575,000〜605,000	107,970.00	53,985.00
31	620,000	605,000〜635,000	113,460.00	56,730.00
32	650,000	635,000〜	118,950.00	59,475.00

〔児童手当の給付に充当される子ども・子育て拠出金〕
（事業所の厚生年金被保険者の標準報酬総額×3.6/1000・令和5年度）を事業主が全額負担（産前産後休業、育児休業中は免除）

保険料率・保険料額の推移

厚生年金保険料率

適用年月	保険料率
平16. 9まで	千分の135.80
平16.10〜17.8	千分の139.34
平17. 9〜18.8	千分の142.88
平18. 9〜19.8	千分の146.42
平19. 9〜20.8	千分の149.96
平20. 9〜21.8	千分の153.50
平21. 9〜22.8	千分の157.04
平22. 9〜23.8	千分の160.58
平23. 9〜24.8	千分の164.12
平24. 9〜25.8	千分の167.66
平25. 9〜26.8	千分の171.20
平26. 9〜27.8	千分の174.74
平27. 9〜28.8	千分の178.28
平28. 9〜29.8	千分の181.82
平29. 9〜現在	千分の183.00

国民年金保険料

適用年月	月　額
平21. 4〜22. 3	14,660 円
平22. 4〜23. 3	15,100
平23. 4〜24. 3	15,020
平24. 4〜25. 3	14,980
平25. 4〜26. 3	15,040
平26. 4〜27. 3	15,250
平27. 4〜28. 3	15,590
平28. 4〜29. 3	16,260
平29. 4〜30. 3	16,490
平30. 4〜31. 3	16,340
平31.4〜令 2.3	16,410
令 2. 4〜令 3.3	16,540
令 3. 4〜令 4.3	16,610
令 4. 4〜令 5.3	16,590
令 5. 4〜令 6.3	16,520
令 6. 4〜令 7.3	16,980

保険料の2年間前納制度が実施されているため、毎年、当年度と翌年度分の保険料額が決定される

いは低額になることがある　そこで平成17年4月前の第3号被保険者期間の届け出漏れについては、2年を超える期間についても、申し出により復活できる

なお17年4月以後の届け出漏れは、やむを得ない理由があったと認められた場合にのみ2年以上遡って復活できる

●厚生年金基金加入員の保険料

　厚生年金基金加入員の厚生年金保険料率は、基金毎に定められた免除料率（千分の50〜24の27段階、この分は基金の掛金となる）を差し引いた率となる　従って加入員の保険料と基金掛金の負担額の合計は、基金に加入しない一般被保険者の保険料と同額となる

公的年金と企業年金制度の関係

●高齢社会において、安定した老後所得保障を確立するため、公的年金制度と両輪を成す企業年金の役割が重視されている　国の老齢厚生年金の給付の一部を代行する厚生年金基金、代行部分のない確定給付企業年金、自らの運用責任で将来の年金額が決ま

る確定拠出年金等の制度が整備されている
　一方、適格退職年金は平成24年3月で廃止となっている
●さらに厚生年金基金制度にあっては、近年の資産運用環境の低迷や運用機関の不祥事等から、国の給付を代行するために必要な

■ 公的年金と企業年金制度の体系 《令和4年3月現在》

資料：企業年金連合会

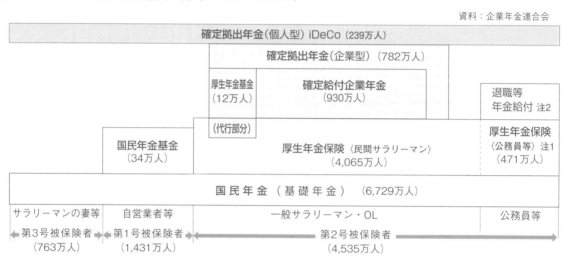

注1：被用者年金制度の一元化に伴い、平成27年10月から公務員及び私学教職員も厚生年金保険に加入
注2：共済年金の職域加算部分は廃止され、「退職等年金給付」を創設（ただし平成27年9月までの加入期間分については、平成27年10月以降も加入期間に応じた職域加算部分を支給）

■ 確定給付企業年金数、加入者数の推移

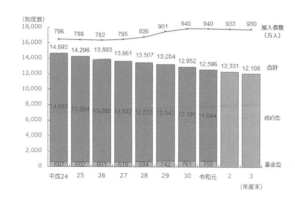

■ 確定給付企業年金老齢給付年金の受給者、平均年金額（年額）の状況

（令和4年調査・令和3年度末現在）

	受給者数（人）	平均年金額（万円）
合計	1,908,055	62.3
基金型	1,731,975	58.4
規約型	176,080	100.0

◀資料制度数は、令和元年度までは厚生労働省『令和2年版 厚生労働白書』、令和2年度以降の制度数と、加入者数は一般社団法人生命保険協会・一般社団法人信託協会・全国共済農業協同組合連合会『企業年金の受託概況』(基金型と規約型の内訳は不明)

資産を確保することが困難な基金が多く存在するに至り、他の企業年金制度への移行を促進する法律が平成25年に成立している
●こうした選択肢の中からそれぞれのニーズにあった企業年金制度を実施（組合わせも可）していくことになる

＜所得保障の公的分野・私的分野＞

私的分野	確定拠出年金、確定給付企業年金、退職一時金、個人年金など	
公的分野	厚生年金保険	厚生年金基金 （厚生年金保険に準じた扱い）
		再評価・スライド分、障害・遺族給付など
	国民年金（基礎年金）	

■ 公的年金・企業年金への加入と所得保障（例）

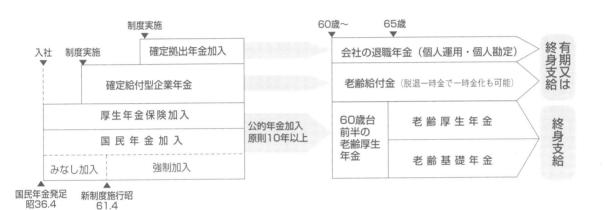

■ 企業型確定拠出年金規約数、加入者数の推移

■ （個人型　iDeCo）加入者数、登録事業所数の推移

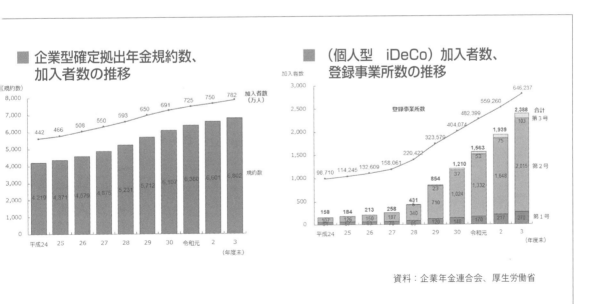

資料：企業年金連合会、厚生労働省

31

退職給付制度の体系

●退職給付制度の種類

退職した従業員が企業から受ける退職給付は、大きく『企業年金』と『退職一時金』からなる 退職一時金は従業員の退職時に一括して支給し、企業年金は原則として60歳の支給開始年齢から毎月支払われる ただし、大半の企業年金では一時金で受け取ることもできるようになっている

『退職一時金』は、資金の準備方法により分類できる 一時金の資金を企業内で準備する**社内一時金**（退職給与引当金）と、外部機関で資金を積み立てる社外一時金（**中小企業退職金共済**等）がある 社内一時金は導入の制約はないが、中小企業退職金共済は一定規模以下の企業を加入対象としている

また、全従業員か一部の従業員について、退職一時金の準備に要する費用を、給与や賞与に上乗せする形で退職前に支払う**前払い退職金**を採用するケースも普及してきた

『企業年金』は、企業があらかじめ給付を約束する(1)**確定給付型**と、企業が決まった掛金拠出を行い従業員の自己責任による運用次第で給付が変動する(2)**確定拠出型**に分類できる (1)の企業年金としては、①**確定給付企業年金**（基金型・規約型）、②**厚生年金基金**があり、(2)には**企業型確定拠出年金**がある（確定拠出型には、個人で加入する個人型確定拠出年金もある）

●退職給付制度の再構築

長引く経済不況や少子高齢化等により、退職給付制度を取り巻く環境は大きく変化し、企業は様々な影響を受けることになった

①経済の低迷に伴う企業収益の悪化と資産運用の不振
②少子高齢化に伴う退職給付費用負担の増大
③新たな退職給付会計の導入による積立不足の顕在化
④雇用の流動化と長期勤続優遇体系の見直し

このため、確定給付企業年金、確定拠出年金の普及、適格退職年金制度の廃止、さらには厚生年金基金制度から他の企業年金制度への移行を促進する制度（平成25年6月～）等が整備されている

■ 退職給付制度の全体像

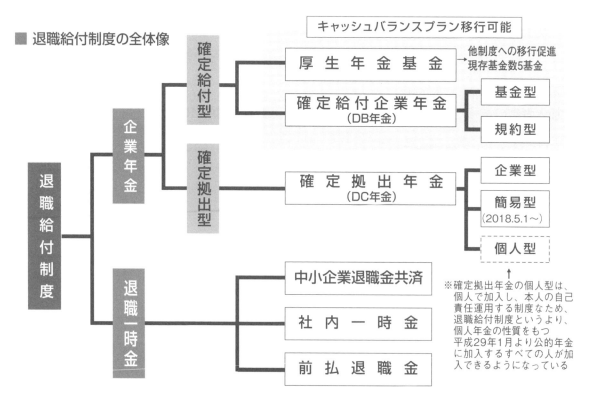

企業年金の種類

■ 企業年金の形態

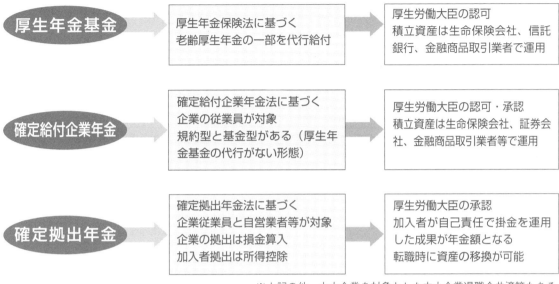

厚生年金基金 → 厚生年金保険法に基づく 老齢厚生年金の一部を代行給付 → 厚生労働大臣の認可 積立資産は生命保険会社、信託銀行、金融商品取引業者で運用

確定給付企業年金 → 確定給付企業年金法に基づく 企業の従業員が対象 規約型と基金型がある（厚生年金基金の代行がない形態） → 厚生労働大臣の認可・承認 積立資産は生命保険会社、証券会社、金融商品取引業者等で運用

確定拠出年金 → 確定拠出年金法に基づく 企業従業員と自営業者等が対象 企業の拠出は損金算入 加入者拠出は所得控除 → 厚生労働大臣の承認 加入者が自己責任で掛金を運用した成果が年金額となる 転職時に資産の移換が可能

※上記の他、中小企業を対象とした中小企業退職金共済等もある

■ 企業年金の改革

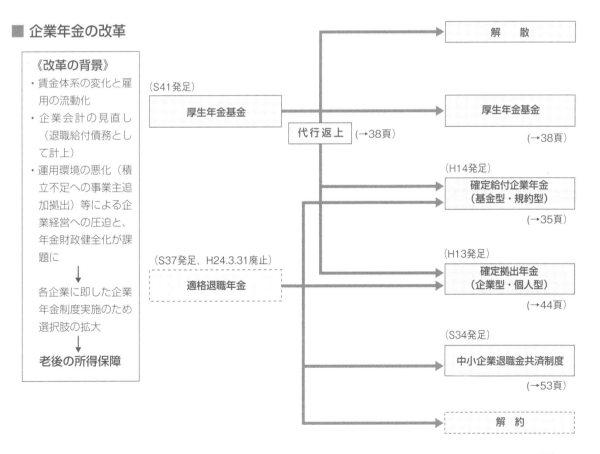

《改革の背景》
・賃金体系の変化と雇用の流動化
・企業会計の見直し（退職給付債務として計上）
・運用環境の悪化（積立不足への事業主追加拠出）等による企業経営への圧迫と、年金財政健全化が課題に
↓
各企業に即した企業年金制度実施のため選択肢の拡大
↓
老後の所得保障

（S41発足）
厚生年金基金

代行返上 （→38頁）

解　散

厚生年金基金
（→38頁）

（H14発足）
確定給付企業年金
（基金型・規約型）
（→35頁）

（S37発足、H24.3.31廃止）
適格退職年金

（H13発足）
確定拠出年金
（企業型・個人型）
（→44頁）

（S34発足）
中小企業退職金共済制度
（→53頁）

解　約

確定給付型の企業年金の比較

●確定給付型の企業年金は、加入期間や報酬等に基づいてあらかじめ給付額が定められていることが大きな特徴となっている　企業は約束した給付をまかなうために、資産を積み立て運用を行う　運用のリスクは企業が負い、追加費用で不足分を解消する　給付債務は企業の債務として会計上認識する必要がある

		厚生年金基金	確定給付企業年金
根　拠　法		厚生年金保険法（昭41.10.1）	確定給付企業年金法（平14.4.1）
設　　立		厚生労働大臣の認可を受けて基金を設立	基金型：厚生労働大臣の認可を受けて企業年金基金を設立 規約型：生保、信託会社等と契約を締結し厚生労働大臣の承認を受ける
運　営　主　体		厚生年金基金	基金型：企業年金基金（代行なし） 規約型：事業主（労使合意の規約により外部機関で積み立て）
人　数　要　件		単独設立 1,000人以上 連合設立 1,000人以上 総合設立 5,000人以上	基金型は300人以上
給　付　水　準		厚生年金の代行部分の50% 以上を上積みして給付	なし（最低水準以外は、原則として労使で決める）
給　付　期　間		終身年金を原則	5 年以上又は終身
掛　金　負　担		事業主と加入員が折半負担を原則（上乗せ分は大半が事業主負担）	事業主負担が原則（規約により本人の拠出も可能）
積　立　基　準		5 年ごとに財政再計算 給付債務に見合った積立金の積立を義務づけ （継続基準・非継続基準）	積立不足解消のため設定 （おおよそ左記に準じる）
受　託　者　責　任		制度の管理・運営に関わる者の責任、行為準則を規定	左記に準ずる
情　報　開　示		財務状況等について加入員等への情報開示	左記に準ずる
税制上の取扱い	掛　　金	事業主負担は損金算入 加入員負担は社会保険料控除	事業主負担は損金算入 加入者負担は生命保険料控除
	積　立　金	代行部分の3.23倍に相当する水準を超える部分に1.173%（国税1%、地方税0.173%）の特別法人税が課税となるが、令和8年3月31日まで凍結中	積立金の全額について特別法人税（一律1.173%）が課税となるが、令和8年3月31日まで凍結中
	給　付　金	年金は雑所得課税（公的年金等控除） 一時金は退職所得として課税	本人拠出分を除いた分について年金は雑所得課税（公的年金等控除） 一時金は退職所得として課税

確定給付企業年金のあらまし

●確定給付型の企業年金について受給権保護を図る観点から、統一的枠組みの下で必要な整備が行なわれ、厚生年金基金、確定給付企業年金（規約型・基金型）の制度が実施されている

●確定給付企業年金には、2つの枠組みが設定されている　労使合意の年金契約に基づき、企業と信託銀行・生命保険会社等が契約を結び、母体企業の外で年金資産を管理運用し給付を行う「規約型」と、母体企業とは別の法人格を持つ企業年金基金を設立

した上で、基金において年金資産を管理・運用し年金給付を行う「基金型」がある

●確定給付企業年金の「基金型」は、おおまかには代行部分のない厚生年金基金といえるが、その概要は下図のとおりである

●厚生年金基金のいわゆる「代行返上」は、一般的に代行のない確定給付企業年金（基金型）への移行をいうケースが多くあった

規約型のしくみ

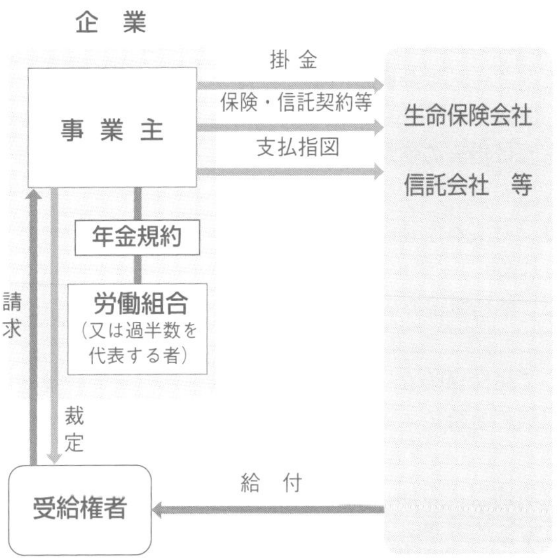

企　業

事　業　主

掛　金
保険・信託契約等 → 生命保険会社
支払指図

信託会社　等

年金規約

労働組合
（又は過半数を
代表する者）

請求

裁定

受給権者

給付

基金型のしくみ

企　業 　　　　　企業年金基金

事業主

掛金

基金設立
の合意

労働組合
（又は過半数を
代表する者）

執行機関
（理事長・理
事・監事）

契約

生命保険会社

信託会社　等

議決機関

年金規約

受給権者

請求
裁定
給付

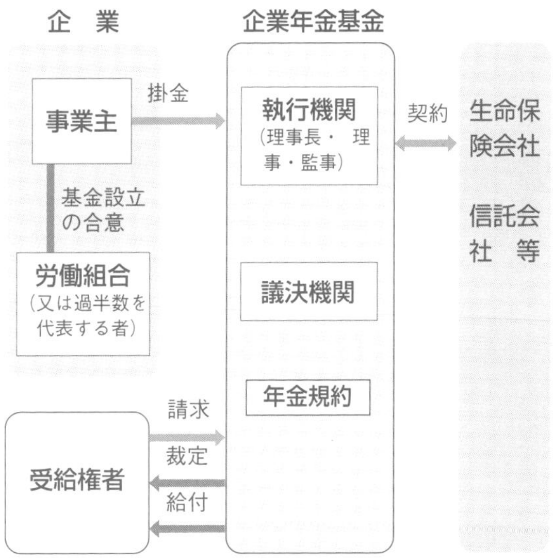

しくみ	確定給付企業年金は、規約型と基金型の2通りある <規約型>　労使合意の年金規約に基づいて、企業が生命保険会社・信託銀行等と契約し、外部で年金資産の管理・運用を行い年金を支給する　年金規約は厚生労働大臣の承認が必要 <基金型>　労使合意の年金規約（厚生労働大臣の承認が必要）を作成し、「企業年金基金」の設立認可を厚生労働大臣から受けることが必要となる　この企業年金基金が当事者となり、年金資産の運用および年金給付を行う　企業年金基金の加入者数は300人以上が要件　設立に当っては名称中に企業年金基金の文字を用いなければならない　代議員会や理事会、監事の設置・役割等はおおよそ厚生年金基金に準じている

加入者	・確定給付企業年金が実施される厚生年金保険の適用事業所に使用される被保険者　ただし規約で一定の加入資格を定めることもできる <一定の加入資格> ①**一定の職種**……研究職、営業職、事務職などの労働協約等において規定される「職種」に属する従業員のみ加入者とする ②**一定の期間、一定の年齢**……「一定の勤続期間」以上または「一定の年齢」以上もしくは以下の従業員のみを加入者とする ③**希望する者**……「加入者となることを希望した者」のみを加入者とすること　なお、加入者はその資格を任意に喪失できない ・加入者期間の計算は、加入者となった月から加入者でなくなった月の前月までの月数（別途規約で定める場合は除く）とするが、過去勤務期間についても期間計算に算入できる
掛金等	・掛金は事業主が年に 1 回以上拠出する　規約で定めれば加入者が掛金の一部を負担することもできるが、掛金総額の 2 分の 1 を超えないこと及び加入者の同意が必要 ・掛金額は、定額または給与に一定割合を乗ずる方法、その他合理的かつ適正な算定方法であって、特定の加入者に不当なものであってはならない
受給権保護の措置	・事業主等は、将来にわたり約束した給付が行えるように年金資産の積立を行う ・年金資産は将来予測との関係を維持するため、原則として 5 年ごとに財政再計算を行う　また毎事業年度末には財政検証を行い、積立不足があれば掛金の追加拠出が求められる（積立義務と財政検証） ・企業年金の管理・運営に係わる者は、加入者等に対する忠実義務などの責任を負うとともに利益相反行為の禁止など受託者責任の明確化が図られる ・事業主等は、加入者等へ年金規約の内容を周知し業務概況等の情報を開示する
管理運用等	・<規約型>事業主は積立金の管理・運用について生命保険会社、信託会社、農協連（資産管理運用機関）のいずれかと資産管理運用契約を締結する（信託財産については金融商品取引業者と投資一任契約） ・<基金型>基金は積立金の運用について上記〈規約型〉の他、金融機関や証券会社と契約し預貯金の預入、有価証券の売買その他の方法でも運用できる
税制	・**拠出時**……事業主拠出は損金算入、本人拠出は生命保険料控除の対象 ・**運用時**……特別法人税課税（ただし、令和8年3月31日まで凍結中） ・**給付時**……年金は公的年金等控除の対象、一時金は退職所得課税を適用（老齢）
その他	・規約型と基金型の間の移行、厚生年金基金と確定給付企業年金間の移行を認める
給付	次頁参照
施行	平成14年4月1日

確定給付企業年金の給付

●確定給付企業年金の給付は、老齢給付金および脱退一時金の他、障害給付金・遺族給付金の給付を行うこともできる
●給付要件や給付額は、個々の規約で定められるが、法令に違反したり特定の者に対し不当に差別的なものであってはならない

また適正かつ合理的な方法により算定されたものでなければならない
●年金額は、支給開始から終身または5年以上（20年超も可能）にわたり毎年1回以上定期的に支給する
　概要は次のとおり

	支給要件・額・期間・失権等
老齢給付金	・支給開始年齢 　①60歳以上65歳以下の規約に定める年齢に達したとき 　②50歳以上60歳未満で規約に定める年齢に達した日以後、実施事業所に使用されなくなったとき 　　（規約に定める場合に限る　支給の繰り下げも可能）など ・20年を超す加入者期間を支給要件としてはならない　また確定給付企業年金が実施されていたら加入者になっていたと認められる期間等については加入者期間に算入できる ・年金額の一部または全部を一時金で支給することもできるが、一時金額は年金で支給した場合の保証期間（20年を超えない範囲）について支給する給付現価相当額を上回らない ・給付額の算定方法は、加入者期間に応じて定めた額、給与の平均額等に規約で定める数値を乗じた額、加入者期間の一定割合を（定率または国債利回りその他省令で定めたものに基づいて）再評価したものの累計額を規約で定める数値で除する方法（キャッシュバランスプラン）などがある ・受給権は、本人の死亡、支給期間の終了、一時金での全額支給等により失権する
脱退一時金	・加入者が退職または資格喪失（死亡を除く）したときに、 　①老齢給付金の支給要件（3年を超す加入者期間を支給要件としてはならない）を満たしていないとき 　②老齢給付金の支給要件のうち支給開始要件以外の要件を満たしているとき（規約に定めた場合に限る）　この場合にかかる一時金額は、当該一時金の受給権者が老齢給付金の受給権者となったとした場合に支給する老齢給付金の保証期間の給付現価相当額を上回らない ・支給要件に該当すれば一時金で支給される（一時金の一部または全部について繰り下げ支給も可能）
障害給付金 （規約で定める場合）	・その傷病の初診日に加入者であった者が、厚生年金保険に規定する1級、2級、3級の障害状態になったとき ・支給要件に該当すれば、年金または一時金で支給される ・障害給付金額は、老齢給付金（年金）額を上回らない ・受給権者に、老齢給付金または脱退一時金等を支給されるときは、障害給付金の全部または一部の支給が停止される（障害給付金のうち老齢給付金の現価相当額を上回る部分は停止されない） ・受給権は、本人の死亡、支給期間の終了、一時金での全額支給等により失権する
遺族給付金 （規約で定める場合）	・加入者や老齢給付金の受給者および受給権者、障害給付金受給権者等が死亡したとき ・遺族の範囲および受けられる順位は、①配偶者　②子・父母・孫・祖父母および兄弟姉妹、③生計を維持されていた親族 ・遺族給付金額は、老齢給付金（年金）額を上回らない ・支給要件に該当すれば、年金または一時金で支給される（年金での支給期間は5年未満も可能、ただし当該給付金の支給期間のうち給付を受けていない期間を下回ることはできない） ・受給権は、受給権者の死亡、支給期間の終了、一時金での全額支給等により失権する　ただし受給権者が死亡した場合、規約により次順位の遺族に支給することもできる　また受給権者の婚姻（事実上の婚姻関係も含む）、養子縁組、離縁等により受給権は消滅する

厚生年金基金制度と制度改正

●厚生年金基金法に基づき、昭和41年10月から実施されている確定給付型の企業年金である

●国の厚生年金保険の老齢給付の一部を代行し、さらに基金独自の給付を行う（加算部分）ことができるため、準公的年金としての法的位置づけがなされている

●しかし、金融市場環境の悪化や、国際会計基準の変更（代行部分を含む企業年金債務を退職給付債務として企業会計に認識することになった）により、年金債務が母体企業の財務に多大な影響を及ぼすようになった

●このため、確定給付企業年金法（平成14年4月～）、確定拠出年金法（平成13年10月～）が整備され、一定の財政基準をクリアした場合、これら代行部分を持たない企業年金制度へ移行できるようになる（代行返上）

●さらに、混迷する運用状況下にあって制度を維持してゆくために必要な資産を保有していない（代行割れ）基金が多く存在することが問題となり、平成26年の法律改正（下欄）において、他の企業年金制度への移行を促進しつつ、特例的な解散制度の導入を行っており、令和3年6月現在、存続する厚生年金基金は5基金のみとなっているが、日本の企業年金制度の変遷を知るための資料として厚生年金基金制度の概要を記す

平成26年改正後の厚生年金基金の在り方

●施行日（2014年4月1日）以後は厚生年金基金の新設は認めない

●施行日から5年間の時限措置として特例解散制度を見直し、分割納付による事業所間の債務連帯を解消する（事業所単位で国へ納付が可能となる）など、解散時に国へ納付する最低責任準備金の納付期限、納付方法に特例を設ける

●施行日から5年以降は、積立比率が一定の基準を満たさない基金について第三者委員会の意見を聞き厚生労働大臣が解散命令を発する

●施行日から5年以降は、代行資産保全の観点から新たに存続の要件を定め、毎年度の決算においてその要件を満たす基金のみ存続できることとする

●上乗せ給付の受給権確保のため、基金の解散後に保有資産を他の確定給付企業年金や中小企業退職金共済へ移換できるしくみを設ける　等

【代行割れしていない基金】
・代行返上（他の制度へ移行）
・通常解散

【健全な基金】（積立比率1.5以上）
・代行返上（他の制度へ移行）を促進しつつ存続も認める

【代行割れ予備軍】（積立比率が1.0以上1.5未満）
・厚生労働大臣の命令
　→　代行返上または解散

【他制度への移行、解散を促す主な対策】
○上乗せ資産を他制度（DB、DC、中退共）に持ち込んで移行
・解散後、事業所単位で既存のDBや中退共へ移行できる仕組みを創設
・移行後の積立不足を掛金で埋める期間の延長
・簡易な制度設計（例：数理計算）で設立できるDBの対象拡大など
○解散認可基準の緩和 など
※施行日から5年後以降は代行資産保全の観点から設定した基準を満たさない基金には解散命令を発動できる。

【代行割れ基金】
・自主解散を基本に
・厚労大臣が5年以内の解散を促す

施行日　5年後（特例解散の申請期限）

【早期に解散を促す主な対策】
※厚年本体との財政中立を基本
※公費（税）投入は行わない
○分割納付の特例
・事業所間の連帯債務外し　・利息の固定金利化
・最長納付期間の延長（現行最長15年）
○納付額の特例（＝現行特例解散と同じ）
○解散認可基準の緩和
○「清算型解散」の導入

■ 厚生年金基金の設立形態（例）

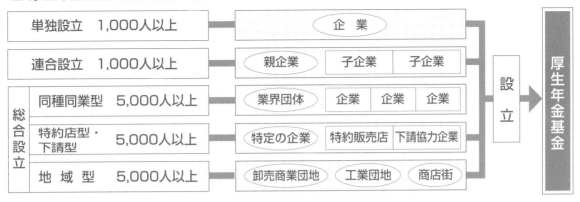

| 単独設立 | 1,000人以上 | → | 企業 |
| 連合設立 | 1,000人以上 | → | 親企業 / 子企業 / 子企業 |

	同種同業型	5,000人以上	→	業界団体 / 企業 / 企業 / 企業
総合設立	特約店型・下請型	5,000人以上	→	特定の企業 / 特約販売店 / 下請協力企業
	地域型	5,000人以上	→	卸売商業団地 / 工業団地 / 商店街

設立 → 厚生年金基金

■ 厚生年金基金のしくみ

目　　的		厚生年金保険の老齢厚生年金の一部を給付代行して上積み、及び企業の退職一時金制度の年金化（年金給付の充実を図る）
掛金（保険料）	基準となる給与	（基本部分）標準給与月額、標準賞与額 （加算部分）加算給与（標準給与又は企業独自の基準給与）
	負担者	免除保険料の1/2以外は大半を事業主負担
	過去勤務債務の償却方法	元利均等償却、一定基準により規約に定める償却率の上限・下限の範囲内で毎年動かせる弾力償却、定額償却、定率（残高比例償却割合は15%〜50%）償却など
受託機関		生命保険会社、信託銀行、金融商品取引業者
給付	給付水準	プラスアルファは代行部分の1割程度までを確保
	年金額決定基準（注）	（基本部分）標準給与月額の累計と標準賞与との合算額を加入月数で割った平均標準給与額 （加算部分）加算給与（標準給与の平均又は企業独自の退職時基準給与など）
	給付期間	原則として、終身年金（有期支給分の設計は可能）

計算基礎率	予定利率	運用収益予測に基づき合理的に定めた率令和5年度の継続基準の予定利率の下限は年率年0.0%　非継続基準の予定利率（最低積立基準額の予定利率）は年率0.71%
	脱退率	少なくとも過去3年以上の実績及び将来の見通しを基礎に算定する
	死亡率	原則、直近の財政再計算時死亡率を基準とする基金財政運営基準の率を使用
加入資格		基金設立事業所に使用される厚生年金保険の被保険者
設立方法		開放基金方式、加入年齢方式及び閉鎖型総合保険料方式、予測単位積増方式
財政再計算		初回3年、以後5年ごと
公的年金との関係		厚生年金保険のうち、老齢厚生年金の一部を代行

（注）給付設計は、キャッシュバランスプランなど算定方法が認められている

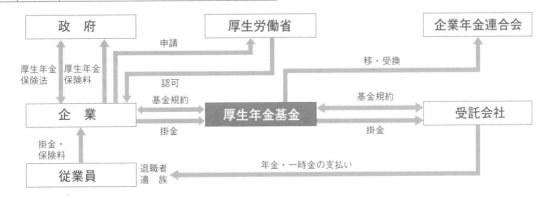

政　府　　厚生労働省　　　　　企業年金連合会

厚生年金保険法　厚生年金保険料　　申請　　　　　　　移・受換

認可

基金規約　　　　　　　　　基金規約

企　業 ← 掛金 → 厚生年金基金 ← 掛金 → 受託会社

掛金・保険料

従業員　　退職者 遺族　　　年金・一時金の支払い

企業年金連合会の通算企業年金

企業年金連合会は厚生労働大臣の認可により設立された公法人で、企業年金制度全体の年金通算センターとしての役割を担っている

企業年金連合会は、厚生年金基金や確定給付企業年金の短期退職者の脱退一時金相当額を引き継いで通算企業年金として支給する（厚生年金基金の基本年金は、平成26年3月までは脱退一時金相当額とともに連合会に引き継がれ、連合会から支給さ、平成26年4月以降は基金毎に管理し、基金から支給されている）

●通算企業年金のしくみ

退職（転職）などにより、加入していた厚生年金基金または確定給付企業年金の加入資格を比較的短期間（20年未満など）で喪失した短期退職者（中途脱退者）は、退職時に退職（脱退）一時金が受けられる

企業年金連合会は、短期退職者の希望により脱退一時金相当額（年金原資）を引き継いで、将来通算企業年金として支給する

年金原資は最高年0.25〜1.25%[注]の予定利率で企業年金連合会において自主的に運用されて通算企業年金の額が決まる

運用の状況によっては年金額が増額される場合がある

移換された脱退一時金相当額からは、年金支給義務承継通知書（移換完了通知書）の送付やデータ管理、振込手数料等に充てるための事務費が差し引かれる

連合会は解散した厚生年金基金や、確定給付企業年金の年金原資も引き継ぐ

注）移換時の年齢別の予定利率となっている（令和5年現在）
45歳未満:1.25%、45歳以上55歳未満:1.00%、
55歳以上65歳未満:0.75%、65歳以上:0.25%

通算企業年金の特徴

＜生涯にわたって年金が受けられる＞
脱退一時金は退職時に一括して支給されるが、通算企業年金は生涯にわたり終身年金として支給される

＜保証期間が付いている＞
病気や災害などにより資金が必要になったときは、年金が受けられる年齢（原則65歳）または保証期間内（支給開始から満80歳）であれば、残りの保証期間に応じた選択一時金が受けられる　また年金の支給前や年金支給後の保証期間内に死亡したときは、残りの保証期間に応じた死亡一時金が遺族に支給される

＜原則65歳から支給される＞
支給開始年齢は原則65歳（国の厚生年金と同様に、生年月日により60歳から65歳に段階的に引き上がる）であるが、本人の選択により60歳台前半から受けることもできる　65歳を超えてから脱退一時金相当額を移換した場合は、移換した月の翌月分から年金が受けられる

＜非課税で移換できる＞
脱退一時金相当額、残余財産分配金の企業年金連合会への移換には税金がかからない

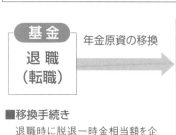

■移換手続き
退職時に脱退一時金相当額を企業年金連合会へ移換する場合は、事業所の担当者（加入していた厚生年金基金または確定給付企業年金）から手渡された選択の申出書に必要事項を記入して申し出る

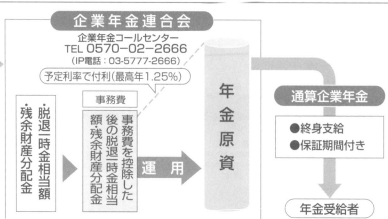

キャッシュバランスプランのしくみ

● キャッシュバランスプランは、確定給付型の長所（一定の給付保証の維持）と確定拠出型の特徴（個人口座）の双方を合わせ持つ制度でハイブリッド（混合）型とも呼ばれる、**確定給付型制度の1分類**
● 確定給付企業年金（基金型・規約型）の給付設計や、厚生年金基金の加算部分の給付設計などにキャッシュバランスプランの導入が可能となっている
● キャッシュバランスプランの導入により、利差損発生の抑制・退職給付債務の変動抑制・個人ごとの持分の明確化・客観的指標を通じて給付水準の確保などが図られる

基本的なしくみ	・加入者（員）ごとに仮想（帳簿上）の個人別口座を設ける ・企業はこの口座に、規約に定める期間（毎月等）ごとに、あらかじめ定めた方法によって配分された「拠出クレジット」と、各期までの口座残高を客観的な指標に基づく利率で再評価した「利息クレジット」を累積していく ・退職時の口座残高によって給付額が決定される ・「拠出クレジット」は、確定給付型の企業年金における掛金と同様に「定額」、「給与×一定割合」、「ポイント×単価」などの方式で設定できる ・「利息クレジット」を計算する際の客観的な指標は、❶定率、❷国債利回り等（消費者物価指数・賃金指数）、❸前記❶と❷の組み合わせ、❹前記❷や❸に上限・下限を定めたもの、などの方法から選択できる ・加入者（員）、受給待期者、受給者それぞれに異なる指標を設定できる　指標はマイナスになることは認められない ・給付の受け取りは原則として年金給付、給付額は退職時の口座残高を年金現価率で除した額で、年金換算利率の設定が課題となる　また一時金での受給が可能
メリット（デメリット）	**■事業主** ・給付に責任を持ちつつ経済環境の変化に対し柔軟な対応が可能となる（追加負担が生じることがある）　また追加負担があっても利率の設定によりリスクは小さくてすむ ・加入者（員）に対する投資教育の必要はない（個人別データ管理を行い利率変動等について本人への連絡や説明が必要とされるため、事務管理が確定給付型の企業年金より煩雑となる） ・資産を移換するときに積立不足があっても、将来的に分割償却が認められているため移行が可能（未積立債務の発生は抑制されるが退職給付債務の計算対象となる） **■加入者（員）** ・財政の安定が図られるとともに、客観的指標を通じた給付水準が確保され、過去期間分の原資が明確になる　また確定拠出年金のように本人が運用する必要はなく、自己責任のリスクは回避される（個人運用より有利な運用成果が期待できるが、給付額は確定給付型の企業年金より低くなりやすい　また母体企業の倒産等で制度終了時に積立不足があれば給付減額の場合もある） ・確定拠出年金のように60歳前に受けられないことはなく、60歳前の一時金給付が可能 ・ポータビリティが確保できる（一定の制約あり）

■ キャッシュバランスプランのしくみ

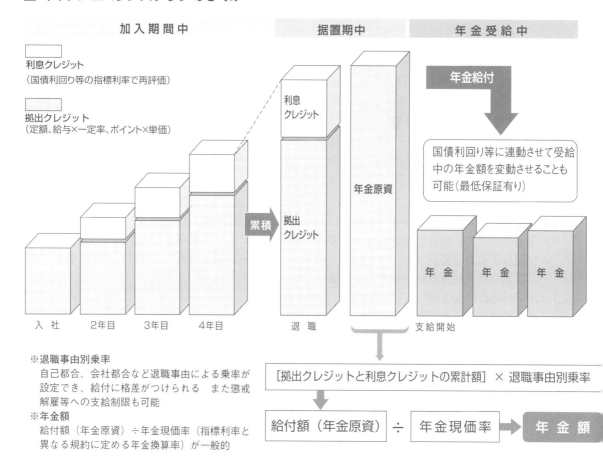

※退職事由別乗率
　自己都合、会社都合など退職事由による乗率が
　設定でき、給付に格差がつけられる　また懲戒
　解雇等への支給制限も可能
※年金額
　給付額（年金原資）÷年金現価率（指標利率と
　異なる規約に定める年金換算率）が一般的

■ 確定給付型、キャッシュバランスプラン、確定拠出年金の比較

	確定給付型	キャッシュバランスプラン	確定拠出年金
給　付　額	事前に定める	指標により変動する	運用実績により変動する
掛　　　金	年金数理で事後に定まる	事前に定める一定額	事前に定める一定額
給　付　事　由	退職等	退職等	60歳到達等
資　産　運　用	企業が一括して運用を指図	企業が一括して運用を指図	従業員が運用を指図
個　人　別　口　座	なし	従業員ごとの仮想口座あり	あり
運　用　リスク	企業が負う	企業が負う（従業員は給付減額のリスクを負う）	従業員が負う
投　資　教　育	不要	不要	必要
ポータビリティ	可能であるが制約的	可能であるが制約的	確立されている
退職給付債務	対象	対象	対象外
掛　金　上　限	制限なし（全額損金算入）	制限なし（全額損金算入）	制限あり（全額損金算入）

キャッシュバランスプラン類似制度

●確定給付企業年金や厚生年金基金の加算部分において、支給開始後の年金額についてはキャッシュバランスプランと同様の取扱いとすることが可能　これを一般的には「キャッシュバランスプラン類似制度」とよぶ

●具体的には、加入期間中の年金資産の積立段階では、利率変動しない従来型の制度（平均給与比例、最終給与比例等）とする　退職後から支給開始時までの据置期間の利率年金額算定

上の年金換算率に国債利回り等の指標利率を用いる（受給中の年金額改定のみに適用）

●ただし、キャッシュバランスプランと同様に最低保証額が設けられる　また、最低保証額についても指標に連動させて改定する場合は、受給者の同意を得ておくことや、年金に代えて選択一時金の支給の途を開く措置を講じることも必要となる

メリット	❶在職中は従来どおりの給付設計とし人事政策主体（退職管理）の考えを継続する一方、退職後は財務政策主体（運用リスクの軽減）の考えを反映できる ❷類似制度への移行の場合、キャッシュバランスプランへの全面移行の場合と比べ、労使の合意が得やすいなど、短期間での移行が可能となる ❸キャッシュバランスプランと比べ加入者（員）ごとに仮想の個人別口座を設置し、管理する必要がない

■ キャッシュバランスプラン類似制度のしくみ

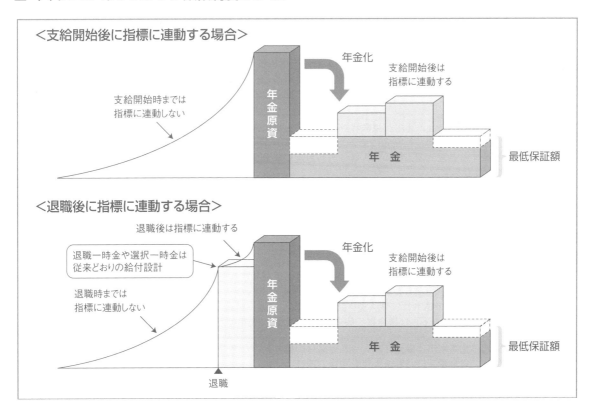

43

確定拠出年金のあらまし

●毎月一定の掛金を拠出（企業型は原則事業主が全額拠出）し、加入者の指図による運用実績によって年金額が決まる年金制度を「確定拠出年金」（＝「DC年金」）とい

●企業にとっては負担の軽減、本人にとっては自己の運用指図により年金額の増額が図れる、ポータビリティが高いなどの利点が

ある反面、十分な投資教育が必要、運用リスクは加入者が負うなどの問題も存在する

●平成29年1月から公務員や専業主婦、企業年金はあるが企業型DCが導入されていない会社の社員も、個人型DCに加入できる

●令和4年10月から企業型DC加入者のiDeCo加入条件が緩和されている

	企業型	個人型（iDeCo）
加入	・労使の合意に基づき規約を定め、60歳未満の被用者（厚生年金被保険者、私学共済加入者）が加入 ・令和4年5月からは70歳未満の厚生年金被保険者に加入可能年齢を拡大	・60歳未満の国民年金第1号被保険者（一定の保険料免除者等を除く）および厚生年金被保険者が国民年金基金連合会へ申し出て加入 ・加入手続きは受付金融機関（ゆうちょ銀行含む） ・令和4年5月から原則65歳まで加入可能年齢拡大
拠出	・全額事業主が拠出（規約に定めがあれば事業主負担額を超えない範囲で拠出限度額の一部を加入者拠出も可能〔マッチング拠出〕 ・掛金は毎月「資産管理機関（生命保険会社や信託銀行など）」に払い込む ◉令和4年10月からDBごとの掛金額を反映した拠出限度額に改正される（次ページ図参照）	・原則全額加入者本人が拠出
運用	・加入者の年金資産については、加入者本人が運営管理機関に対し運用の指図を行う ・運営管理機関は、各加入者からの運用指図を取りまとめ、企業型は資産管理機関に、個人型は国民年金基金連合会（実際は委託を受けた金融機関）に指図する ・運営管理機関は、預貯金、有価証券（公社債、株式、投資信託等）、信託、保険商品等のうちから3つ以上の運用商品（簡易型DCは2つ以上）を選択肢として提示する ・提示する運用商品はリスク・リターン特性が異なること、その他政令基準を満たさなければならない ・運用商品は預替えの機会は少なくとも3ヵ月に1回以上とし、資産運用の一般的な情報の提供を行う	
転職時の資産移換	・年金資産の残高（掛金と運用収益の合計）は、個人毎に運営管理機関で記録を管理する ・加入者が転職した場合、転職先に企業型があれば年金資産を移換できる　企業型のない企業が新たに制度を実施するとき、個人型の加入者は当該制度に年金資産を移換する	
給付	・老齢給付金、障害給付金および死亡一時金とし、老齢と障害は年金（5年以上の有期または終身年金）または一時金として受けられる ・老齢給付金は、最初の拠出から10年以上経過している場合は60歳から受けられ、10年以上経過していない場合は次の年齢から受けられるが、遅くとも70歳までには受け始めなければならない 　　最初の拠出から、8年以上（61歳）　6年以上（62歳）　4年以上（63歳） 　　　　　　　　　2年以上（64歳）　1月以上（65歳） ・障害給付金及び死亡一時金は、加入者が高度障害および死亡した場合に受けられる ・加入者であった者が脱退した場合、拠出期間が3年以下（令和4年4月から5年以下に拡大）または資産額が50万円以下であれば、個人型へ資産を移換し脱退一時金として受けることもできる　資産が極めて少額（1.5万円以下）な場合は、脱退後6ヶ月以内に企業型から脱退一時金が受けられる	
税制	・拠出段階は、企業拠出は損金に算入され従業員の給与とみなさない　加入者拠出は所得控除 ・運用段階は、年金資産に特別法人税を課税（凍結中） ・給付段階は、年金は公的年金等控除　一時金は掛金払込期間を勤続年数とし退職所得課税を適用	

●令和4年10月から（企業型DC加入者のiDeCo加入の要件緩和）‐‐‐‐‐‐‐‐‐

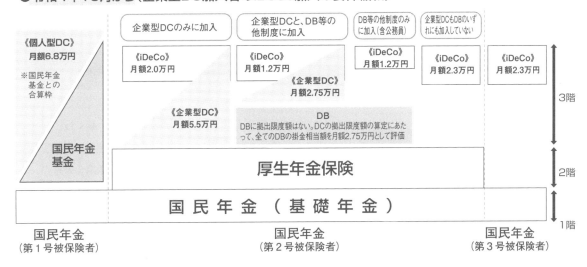

《個人型DC》
月額6.8万円

※国民年金
基金との
合算枠

| 企業型DCのみに加入 | 企業型DCと、DB等の他制度に加入 | DB等の他制度のみに加入(含公務員) | 企業型DCもDBのいずれにも加入していない |

《iDeCo》月額2.0万円　《iDeCo》月額1.2万円　《iDeCo》月額1.2万円　《iDeCo》月額2.3万円　《iDeCo》月額2.3万円

《企業型DC》月額2.75万円

《企業型DC》月額5.5万円

DB
DBに拠出限度額はない。DCの拠出限度額の算定にあたって、全てのDBの掛金相当額を月額2.75万円として評価

国民年金基金

厚生年金保険

国　民　年　金　（　基　礎　年　金　）

3階　2階　1階

国民年金
（第1号被保険者）　　　　国民年金
（第2号被保険者）　　　　国民年金
（第3号被保険者）

【令和4年の確定拠出年金制度の主な改正】
●加入可能年齢の拡大（令和4年5月〜）
・ 会社員・公務員など（国民年金第2号被保険者）で60歳以上65歳未満※の方
・ 国民年金に任意加入している60歳以上65歳未満の方
・ 国民年金に任意加入している海外居住の方
※公的年金の加入期間が120月に満たない等、国民年金第2号被保険者であれば65歳以上も加入可能

●受給開始時期の上限が75歳まで延長（令和4年4月〜）
　公的年金の受給開始時期の選択肢の拡大に併せて、2022年4月から確定拠出年金（企業型DC・iDeCo）における老齢給付金の受給開始時期の上限年齢が70歳から75歳に延長さる。これによって、確定拠出年金の老齢給付金の受給開始時期を60歳(加入資格喪失後)から75歳までの間で選択することができるようになる

●企業型DC加入者のiDeCo加入の要件緩和（令和4年10月〜）
　これまで企業型DC加入者のうちiDeCoに加入できるのは、iDeCo加入を認める労使合意に基づく規約の定めがあり、かつ事業主掛金の上限を引き下げた企業の従業員の方に限られていたが10月からは、企業型DCの加入者は規約の定めや事業主掛金の上限の引き下げがなくても、iDeCoに原則加入できるようになる。ただし、企業型DCの事業主掛金額とiDeCoの掛金額は、一定の額以下であることが必要必要。企業型DCにおいてマッチング拠出している場合などには、iDeCoに加入できない

【今後改正予定】＜令和6年12月1日から＞
● iDeCoの拠出限度額が変更になります。
確定給付型の他制度を併用する場合（公務員を含む）のiDeCoの拠出限度額が1.2万円から2万円に引上げられる。ただし、各月の企業型DCの事業主掛金額と確定給付型ごとの他制度掛金相当額（公務員の場合は共済掛金相当額）と合算して月額5.5万円を超えることはできない
企業型DCの事業主掛金額とDB等の他制度掛金相当額によっては、iDeCoの掛金の上限が小さくなったり、iDeCoの掛金の最低額（5千円）を下回り、掛金を拠出できなくなる場合もある
● iDeCoの掛金を拠出できなくなった場合の脱退一時金の受給について
上記の見直しにより、DB等の他制度に加入する者（企業型DCに加入する者を除く。）は、DB等の他制度掛金相当額によっては、iDeCoの掛金の上限が小さくなったり、iDeCoの掛金の最低額（5千円）を下回り、掛金を拠出できなくなることがある
iDeCoの掛金を拠出できなくなった場合（5.5万円からDB等の他制度掛金相当額を控除した額が、iDeCoの掛金の最低額を下回る場合）は、資産額が一定額（25万円）以下である等の脱退一時金の支給要件を満たした場合に脱退一時金を受給することができるようになる

■ 企業型確定拠出年金（イメージ）

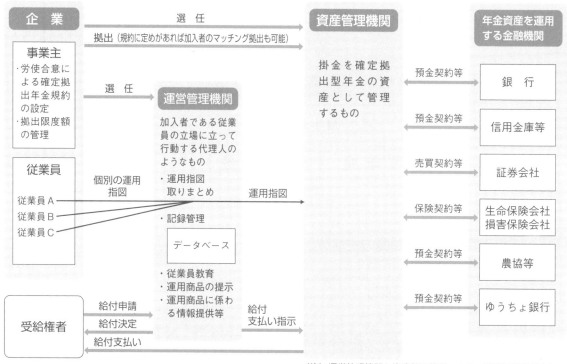

■ 個人型確定拠出年金（イメージ）

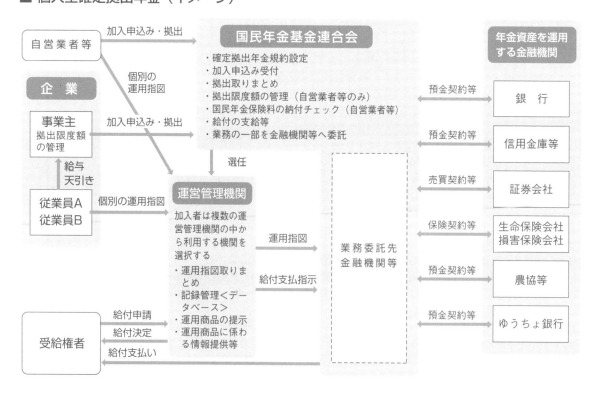

確定拠出年金の給付

● 受けられる給付

　これまでは確定拠出年金に加入できるのは60歳になるまでだが、令和4年5月からは企業型DC、iDeCoともに加入可能年齢が拡大になり、受給開始時期も75歳までに延長となっているため、給付の拡充が図られている（45頁参照）。　受けられる給付は次の4種類となる

老齢給付金	60歳到達時点での通算加入者等期間（加入者期間＋運用指図者期間、他制度からの移換期間を含む）により、支給開始年齢が次のように決められており、遅くとも70歳から受け始める 　　通算加入者等期間10年以上　　　　　　60歳 　　　　　　　　8 年以上　10年未満　61歳 　　　　　　　　6 年以上　 8 年未満　62歳 　　　　　　　　4 年以上　 6 年未満　63歳 　　　　　　　　2 年以上　 4 年未満　64歳 　　　　　　　　1 ヵ月以上 2 年未満　65歳 ・終身年金、5 年以上20年以下の有期年金または一時金で受ける（受給額は運用の成績による） 　具体的な給付額の算定方法については、年間の年金支給額は請求時の個人別管理資産額の20分の 1 以上 2 分の 1 以下であること、支給予定期間は 5 年以上20年以下であること（いずれも終身年金での契約を除く） 　一時金給付については、一時金額は個人別資産管理資産額であること、老齢給付金の一部を一時金とするときは 1 回のみの請求であること（個人別管理資産額に基づき算定）などとされている 　年金給付は 5 年経過後一括受給も可 ・年金受給者が死亡したとき、障害給付金を受けられるようになっとき、年金資産の残高がなくなった時点で受給は終了する
障害給付金	・加入者または加入者であった人が70歳になるまでに一定の障害（国民年金の障害基礎年金を受けられる障害等級 1・2 級に該当）になれば、年金・一時金が受けられる（上記の老齢給付金に準ずる） ・年金受給者が死亡したとき、年金資産残高がなくなった時点で受給は終了する
死亡一時金	加入者または加入者であった人が死亡した場合、本人が受けられるはずの資産残額が一時金で遺族に支給される ・遺族の範囲は、①配偶者、②生計を維持されていた子・父母・孫・祖父母・兄弟姉妹、③親族など（加入者はあらかじめ①②のうちから受取人を指定することもできる）
脱退一時金	確定拠出年金は中途引き出しはできないが、制度を脱退した場合、通算拠出期間が 3 年以下であること、年金資産が50万円以下であること、最後に企業型または個人型の資格喪失後 2 年を経過していないこと等の要件に該当すれば、一時金を請求できる（企業型加入者の請求は国民年金基金連合会に持ち分移換後）

■ 企業型確定拠出年金加入者が退職した場合の資産の取り扱い

DC＝確定拠出年金

退職後の転職先	自営業等 〈個人型1号〉	第3号・公務員	DCなし企業 (他の企業年金なし)	DCなし企業 (他の企業年金あり)
DC法上の位置づけ	60歳まで個人型加入者または個人型運用指図者	60歳まで個人型運用指図者	60歳まで個人型加入者または個人型運用指図者	60歳まで個人型運用指図者
企業型からの退職後の脱退一時金	資産1.5万円まで一時金可能	資産1.5万円まで一時金可能	資産1.5万円まで一時金可能	資産1.5万円まで一時金可能
個人型移行後の脱退一時金	一時金可能	通算拠出期間3年以下※ 又は資産50万円以下は一時金可能	一時化できない	通算拠出期間5年以下又は資産50万円以下は一時金可能

運営管理機関・資産管理機関等

●確定拠出年金は、加入者ごとに記録管理や運用業務の専門業務についての知識等が必要とされるため、企業や国民年金基金連合会は一定業務を金融機関等に委託できるその場合、関係機関の役割は次のとおり

運営管理機関		加入者の窓口となる機関で業務内容により、運営管理機関は次の2種類に分けられる （1）運用関連運営管理機関……運用商品の選定、加入者への提示、情報の提供等 （2）記録関連運営管理機関……運用指図の取りまとめおよび資産管理機関への通知、加入者ごとのデータ・持ち分の管理、給付に係る事務等 　（1）または（2）の一方のみ、あるいは両方になることもできる（生命保険会社、信託銀行、銀行、信用金庫等）
	運用商品の提示	運営管理機関は加入者に3つ以上の商品（簡易型DCは2つ以上）を提示しなければならない　その場合、3種類以上リスク・リターン特性の異なるものであること・商品選定の理由・個別社債や個別株式を選定するときは3つ以上提示すること等の基準がある　最低3ヵ月に1回以上、運用商品の預け替えの機会を提供しなければならない
	運用商品の種類	一般的な商品……投資信託、投資証券、変額保険、外国の公共法人債、個別株式、個別社債など 元本確保商品……預金保険制度などで元本が保護されている預貯金、金融債、貸付信託、政府保証債、国債、利率保証型積立生命保険、積立障害保険など
	情報提供の内容	定期的（年に1回以上）に、運用の実態等を把握・分析し、事業主に対し次のような情報を提供しなければならない ❶　予定利率など利益の見込みや損失の可能性、資金拠出の単位や上限、利益の分配方法など運用商品・方法についての具体的内容 ❷　過去10年間における当該運用商品の利益・損失の実績 ❸　個人別資産分の計算方法 ❹　運用方法の選択、変更時に加入者が要する手数料や負担方法 ❺　預金保険制度や保険契約者保護機構等の対象となっているか、またその内容 ❻　金融商品販売等に関する法律で義務づけられた重要情報（運用関連運営管理機関は事業主と重要情報についての契約を締結し、怠ったときは損害賠償責任が発生する） ※必要な場合には、投資教育に関する助言をするよう努めなければならない
	禁止行為	加入者保護のため運営管理機関には次のような禁止行為が定められ、違反したときは行政処分や民事責任を負うことになる ❶　運用商品の営業担当者が合わせて運用関連業務を行うこと ❷　加入者に対し、運用商品等について不実のことや誤解されるおそれのあることを告げたり、運用指図に影響を及ぼす重要なものについて故意に事実を告げないこと ❸　運営管理契約の締結や運用管理機関の選択・変更等について、判断に影響を及ぼす事項に関し不実あるいは誤解させるおそれのあることを告げたり、故意に告げないことなど 　なお、事業主や国民年金基金連合会に対しても行為準則が定められ、忠実義務が課せられている他、自己や第三者の利益を図るため、業務委託契約や資産管理契約を締結してはならない、運営管理機関に特定の運用商品を提示させてはならない、加入者へ特定運用商品をすすめたり、運用指図の委託をすすめてはならない、としている

資産管理機関	拠出された掛金を年金資産として会社等の財産から明確に分別管理し、企業等からの掛金収納・運営管理機関が取りまとめた運用指図を金融機関に伝達あるいは送金・個人別資産を他の資産管理機関へ移換・運営管理機関の裁定に基づき受給者への給付支払い等の業務を行う 企業型の場合、企業は資産管理機関の生命保険会社・信託会社・損害保険会社・厚生年金基金などと資産管理契約を締結することになる 個人型の場合は、国民年金基金連合会が実施・運営にあたるが、実際は前記運営管理機関や資産管理機関の金融機関に委託できることになっている
金融機関	運営管理機関に提示する運用商品の企画や実際の運用は、指図に基づき個々の金融機関が行うため、「商品提供機関」ともいわれる（生命保険会社・証券会社・銀行等）

■ 積立金の運用

<運用益へは非課税>

　通常、運用で得た収益には税金がかかるが、確定拠出年金の場合は将来、年金や一時金として受け取るまでの間、掛金の運用で得た収益に対しては税金がかからない　このため、効率よく資産を増やすことができる

※積立てた年金資産には、原則的に特別法人税が課せられるが、令和8年3月31日まで課税は凍結中。

<デフォルト商品設定におけるルールの明確化>

　「デフォルト商品」とは、企業型確定拠出年金の加入者による運用指図がなかった場合、運用指図が行われるまでの間に運用される商品のことで、元本確保型以外の商品を指定するケースも出てきている

　このためデフォルト商品の取り扱いルールが明確化され、事業主または運営管理機関はあらかじめ規約に定められた運用方法により運用を行うこと、および具体的な金融商品の情報について加入者等に説明することとされた

確定拠出年金の投資教育と資産移換

投資教育	事業主等は、加入者等に対する投資教育について、計画的な実施に努めるとともに、加入後の投資教育に関し対象者のニーズに応じた内容となるよう、配慮しなければならない ＜加入時及び加入後の投資教育の計画的な実施＞ 　加入時には実際の運用の指図を経験していないことから、①運用指図の意味の理解、②具体的な資産配分が自らできること、及び運用による収益状況の把握が理解できることを主たる目的とした基礎的事項中心の教育に努める　加入後は加入前の段階では理解が難しい金融商品の特徴や運用等についてより実践的・効果的な教育に努める ＜提供すべき具体的な投資教育の内容＞ 　特に加入後の投資教育においては、①運用商品に対する資産配分、運用指図の変更回数等の運用実態、コールセンター等に寄せられた質問等の分析やアンケート調査により、対象となる加入者等のニーズを十分に把握し、ニーズに応じた内容となるよう配慮すること、②基本的な事項が習得できていない加入者に対しては再教育を実施すること、③具体的な資産配分の事例、金融商品ごとの運用実績等の具体的なデータを活用することにより、運用の実際が実践的に習得できるよう配慮すること、に努めなければならない

● 転(退)職時の資産移換

　確定拠出年金制度では、積立金が個人別に管理・運用されているため、転職するときは個人別管理資産を移換先に持ち運び、運用を継続できる　企業型年金の加入者が企業を転(退)職し、企業型年金の加入者の資格を喪失したときは、退職後の状態により①個人型年金の加入者になる、②企業型年金の加入者になる、③個人型年金の運用指図者(拠出はできない)になる、④脱退一時金を受ける—などの方法がある　それぞれ手続きや資産移換(事務費を負担)等が必要になる

● 自動移換後の取扱い

　企業型年金の加入者が資格喪失後6ヵ月以内に、その資産を個人型年金または他の企業型年金に移換

しなかったり、脱退一時金の請求の手続きを行わない場合は、その資産は現金化され、国民年金基金連合会に自動的に移換される　この場合、加入者でも運用指図者でもない状態となり、年金給付の請求を行うこともできない

　また、自動移換される際の手数料(特定運営管理機関:3,300円及び、国民年金基金連合会:1,048円)と、管理手数料(特定運営管理機関:52円／月)を支払うことになる

　自動移換後に、その資産を個人型年金や企業型年金に移換して運用を続けたり、脱退一時金として受けることもできるが、その際の手続きのための手数料が発生する(特定運営管理期間:1,100円～4,180円)

■ 企業型年金加入者の転(退)職時の移換・手続き

❶ 退職して自営業者になる	第1号被保険者→個人型年金の加入者となる資格がある 厚生年金被保険者資格を喪失し、国民年金の被保険者となる手続きを行う

＜必要な手続き＞

個人型年金加入者として拠出を希望する場合	➡ 国民年金基金連合会に加入申出　年金資産を移換	➡ 個人型年金加入申出書 個人別管理資産移換依頼書	➡ 個人型年金加入者
個人型年金において拠出を希望しない場合	➡ 連合会へ申し出て運用指図者となる(年金資産を移換)	➡ 個人別管理資産移換依頼書	➡ 個人型年金運用指図者
意思表示なし	➡ 申出なし(6ヵ月経過等)	➡ 自動的に資産を移換	➡ 自動移換(※1)

❷ 企業に転職する　企業年金制度の対象者は、個人型年金の加入者となる資格はない

＜必要な手続き＞

		転職＞				
企業型年金なし	企業年金制度なし	拠出を希望する場合（個人型年金に加入可能）	連合会へ加入申出（受付金融機関経由）	個人型年金加入申出書個人別管理資産移換依頼書	個人型年金加入者
		拠出を希望しない場合	運用指図者となる	個人別管理資産移換依頼書	個人型年金運用指図者
		意思表示なし	申出なし（6ヵ月経過等）	自動的に資産を移換	自動移換（※1）
企業型年金なし	企業年金制度あり	個人型年金の加入者資格なし	運用指図者となる（※2）	個人別管理資産移換依頼書	個人型年金運用指図者（※2）
		意思表示なし	申出なし（6ヵ月経過等）	自動的に資産を移換	自動移換（※1）
企業型年金あり	企業年金制度あり又はなし	企業型年金間の移動	企業型年金の加入者資格取得	企業型年金への移換手続	企業型年金加入者

❸ 第3号被保険者や公務員になる　確定拠出年金の加入者資格はない

＜必要な手続き＞

個人型年金運用指図者として年金資産を運用可能	連合会に申し出て運用指図者となる（受付金融機関経由）	個人別管理資産移管依頼書	個人型年金運用指図者（※2）
法令に定める要件に該当（※3）すると、脱退一時金の請求が可能	脱退一時金支給請求（受付金融機関経由で連合会に請求）	脱退一時金裁定請求書 兼個人別管理資産移換依頼書	確定拠出年金制度の枠組み外
意思表示なし	申出なし（6ヵ月経過等）	自動的に資産を移換	自動移換（※1）

※1：自動移換について

資格喪失後6ヵ月以内に個人別管理資産の移換を行わなかったり、脱退一時金を受けなかった場合は、その資産は現金化され、国民年金基金連合会に移換される　この場合、掛金の拠出や運用指図、年金給付の請求は行えない

※2：要件を満たした場合、脱退一時金の支給を請求することが可能となる

※3：次の要件すべてに該当する必要がある

①60歳未満であること

②企業型年金の加入者でないこと

③個人型年金に加入資格がないこと（次のいずれかに該当すること）

・国民年金の第1号被保険者で、国民年金保険料を免除されている人

・国民年金の第2号被保険者で、企業年金に加入している人

・国民年金の第3号被保険者

・公務員等

④障害給付金の受給権者でないこと

⑤通算拠出期間が1ヵ月以上3年以下であること、または個人別管理資産が50万円以下であること

⑥最後に企業型年金加入者または個人型年金加入者の資格を喪失した日から起算して2年以上経過していないこと

⑦企業型年金において、脱退一時金を受けていないこと

確定給付企業年金と確定拠出年金の比較

		メリット	デメリット
確定給付企業年金	事業主	・終身年金による老後生活設計の保障や長期勤続者に有利な給付を提示することで、人材の獲得や従業員の定着等が図られ、経営資源の強化およびモラルの向上に結びつく ・予定利率を上回る資産運用成績により掛金拠出の軽減が可能 ・年金報奨制により業績向上を期待	・拠出金の追加負担など経営リスクが生じるとともに、その検証等が必要 ・年金債務があれば企業会計上、貸借対象表に退職給付債務として計上 ・制度のしくみが複雑でわかりにくく、給付設計が異なっていると企業の合併や分割の際の対応が困難（事業主拠出について従業員の認識が希薄） ・受給権の保護にコストがかかる
	従業員	・老後生活設計の安定化が図れる ・長期勤続による企業への愛着 ・従業員からの拠出もできる ・スケールメリットによる運用成果が受けられる ・運用のリスクを負わないですむ ・受給権の保護	・経営が破綻したときは影響を受ける ・財政検証により掛金の引上げもある ・資産運用がよくても給付引上げに直結しない ・運用方法が自ら選択できない ・個人ごとの年金資産が不明確
確定拠出年金	事業主	・拠出金の追加負担などの経営リスクを回避できる ・企業会計基準では、退職給付債務に認識されない ・企業の合併や分割に対応しやすい ・事業主拠出の認識効果 ・短期就労者への動機づけに ・中小零細企業でも実施しやすい	・従業員に対する投資教育が必要 ・運用リスクはないが、年金支給期間中のリスクは負う ・制度管理等のコストを負担 ・運用がよくても掛金拠出の義務はある
	従業員	・自ら運用方法を選択でき、その成果を受けられる ・個人ごとの資産残高が分かり、老後の生活設計に関心を持つようになる ・転職時に積立金を移せるポータビリティが容易で、短期の就労でも安心 ・企業経営のリスクを負わない ・中小事業主掛金納付制度を導入する事業所では、個人型確定拠出年金（iDeCo）に加入する従業員の掛金に追加して、iDeCoの拠出限度額の範囲内（月額2.3万円相当）で事業主が掛金を拠出することができる	・運用の損失があれば自らの責任となる ・安全資産ばかり選択すると、老後資金に不足が生じることもある ・投資に対する知識が必要となる ・退職時に市場が低迷していれば、その影響は直ちに老後生活に及ぶ ・企業型では規約に定めがなければ本人拠出はできない　個人型でも拠出限度額が設定されている ・運用選択については、パソコンの配備など職場環境の違いや就業規則等により、不公平が生じることもある ・原則、拠出金の途中引き出しはできない

中小企業退職金共済のあらまし

概　　　要	昭和34年に国の中小企業対策の一環として制定された「中小企業退職金共済法」に基づき実施される
運　　　営	独立行政法人勤労者退職金共済機構（機構）、中小企業退職金共済事業本部（中退共）
申　込　み	事業主が、金融機関（銀行、信用金庫、信用組合、労働金庫、商工中金）または委託事業主団体（労働保険事務組合、中小企業団体中央会、商工会議所　等）に「新規申込書」を提出し、機構・中退共と退職金共済契約を結ぶ
加入できる企業	業種によって常用従業員数または資本金・出資金が次の範囲内であれば加入できる
加入対象者	正規の従業員は原則として全員加入　パートタイマーも加入可能（事業主と生計を同一にする同居の親族のみを雇用場合及び、個人事業所の配偶者は一定条件を満たせば加入可能）
掛　　　金	月額5,000円から30,000円（パートタイマーは2,000円、3,000円、4,000円の選択も可）の範囲で1,000円単位で従業員ごとに定めた掛金を事業主が全額拠出（掛金月額の変更は可能）
掛金月額の助成制度	掛金月額の一部を国が助成する制度がある ・新たに中退共に加入する事業主に対して、掛金月額の1/2（従業員ごとに上限5,000円）を加入後4ヵ月目から1年間助成（さらにパートタイマーの上乗せ助成あり） ・掛金月額18,000円以下の掛金月額を増額変更する事業主に対して、増額分の1/3を増額月から1年間助成 ただし、同居の親族のみを雇用する場合等は、新規加入の助成の対象とならない
通算制度	新たに中退共に加入する事業主に対して、1年以上勤務している従業員の加入前の勤務期間について過去勤務掛金を最長10年間納付できる（過去勤務期間の通算） 中退共の加入事業所間での転職の場合は、掛金12ヶ月以上の納付実績があれば、前の会社退職から3年以内の申出により掛金納付実績（積み立てられた退職金）を通算できる 事業の拡大等により中小企業者でなくなった場合、又は中退共を実施する事業所と企業年金(確定給付企業年金又は企業型確定拠出年金を実施する事業所が、H30.5.1以後に合併等を行った場合、資産移換先として確定給付企業年金、特退共に加え確定拠出年金を選択肢として通算できる
退職金額	＜基本退職金＞……掛金納付12月以上必要 　掛金月額、納付月数、予定運用利回り（1.0％：法令改正による変更あり）で計算 ＜付加退職金＞ 　運用収入や財務状況等を勘案して定められる金額。掛金納付月数の43カ月目とその後12ヶ月ごとの基本退職金相当額にその年度の法定された支給率を乗じて得た額を退職時まで累計下総額
退職金の支払い	従業員の退職時に、中退共から直接本人の預金口座に一時金で支払われる（死亡時は、遺族に支払われる） 退職時に一定の要件を満たしていれば、5年間または10年間で支払う「全額分割払い」、「一部分割払い（併用払い）」の選択も可能　分割支払方法は年4回（2月、5月、8月、11月）
税　　　制	掛金は法人企業の場合は損金、個人企業の場合は必要経費として全額非課税　退職金は一時金払いは「退職手当等」として課税、分割払いは公的年金等控除の対象となる雑所得として課税

「加入できる企業」欄内の表：

業　種	常用従業員数		資本金・出資金
一般業種（製造・建設業等）	300人以下	または	3億円以下
卸売業	100人以下		1億円以下
サービス業	100人以下		5,000万円以下
小売業	50人以下		5,000万円以下

従業員の増加等により中小企業でなくなったときは、一定の要件により確定給付企業年金制度、確定拠出年金制度（企業型）または特定退職金共済制度に退職金相当額を引き継ぎが可能

中小企業退職金共済事業本部　　〒170-8055　東京都豊島区東池袋1-24-1
（窓口受付／平日9：00〜17：00）　TEL 03-6907-1234（電話受付／平日9：00〜17：15）
ホームページ　http：//chutaikyo.taisyokukin.go.jp/

企業年金間のポータビリティ制度

●すべての企業年金制度において、雇用の流動化に対応できるように年金通算措置（ポータビリティ）の拡充が図られている

●確定給付企業年金や厚生年金基金が設立されている企業を退職をした場合は、転職先の制度に個人の年金資産を持ち運び（脱退一時金相当額の移換）、年金受給の権利が引き継がれる（厚生年金基金の基本年金は企業年金連合会に移換）　ただし、移換先の制度が確定給付企業年金や厚生年金基金の場合は、その規約に移換できる定めがある場合に限る　退職後1年以内、または転職先の制度に加入した場合は加入後3ヵ月以内に本人が申し出る必要がある　また、移換できない場合は、脱退一時金を受け取るか企業年金連合会に脱退一時金相当額を移換することになる

●脱退一時金相当額を他の制度に移換できる中途脱退者とは、加入期間が20年未満の範囲で各制度の規約に定める者で、移換元の制度の受給資格を有しない場合に限る

●移換元の事業主等は中途脱退者（資格喪失者）に対し、資格喪失時の選択肢や移換申出期限等の必要事項を説明する義務がある

■ 脱退一時金相当額の移換の取り扱い（全体像）

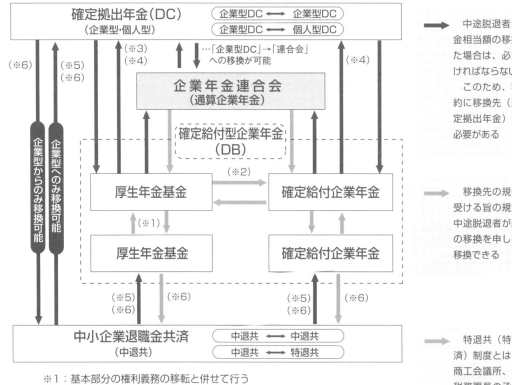

※1：基本部分の権利義務の移転と併せて行う
※2：基本部分の権利義務は連合会に移転する
※3：本人拠出分の移換も可能
※4：DBから企業型DC及び個人型DCには、本人の申し出により脱退一時金相当額を移換可能
※5：中退共に加入している企業が、事業拡大等により中小企業でなくなった場合のみ移換可能
※6：合併・会社分割等の場合に限り移換可能

移換先の事業主等は資格取得者に対し、給付内容等の必要事項の説明義務がある
- 厚生年金基金や確定給付企業年金の脱退一時金相当額を、確定拠出年金に移換することも可能となっている　転職先に企業型確定拠出年金が設立されているときは、その制度に移換できる　企業年金制度を実施していない企業に転職した場合や、自営業者になった場合は、個人型確定拠出年金に脱退一時金相当額を移換することができる

退職後に国民年金の第3号被保険者になったときは、個人型確定拠出年金へ加入して移換できる
- 現在は、確定拠出年金制度から確定給付企業年金制度への資産移換が可能となっている（移換先の制度に受け入れの規約がある場合）
- 事業の拡大等により中小企業者でなくなった場合、中退共の資産の移換先として、確定給付企業年金制度、特退共制度に加え、新たに確定拠出年金制度を選択できるようになっている（加入者等の同意が必要）

＜確定給付企業年金からの移換の方法＞

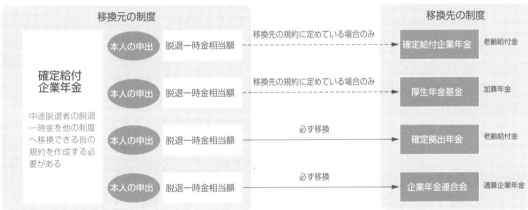

＜厚生年金基金からの移換の方法＞

年金と税金・退職金と税金

　厚生年金保険及び国民年金の老齢給付、共済年金の退職給付、厚生年金基金の退職年金、企業年金基金の老齢給付などは、公的年金等に係る雑所得とみなされ、一定額以上になると所得税及び復興特別所得税が課税される　ただし、障害給付、遺族給付は非課税である

●公的年金等の源泉徴収

　一定額以上の公的年金等の収入がある場合（下表参照）には、原則的に年金の支払いごとに所得税及び復興特別所得税※の源泉徴収が行われる　対象となる人には「扶養親族等申告書」の届書が送付される

※東日本大震災からの復興に要する財源を確保するための税（2.1%）で、所得税課税の対象となる所得に対し2013年1月1日から2037年12月31日までの実施。

　毎年10月下旬頃に送付されるこの申告書を12月中旬頃までに提出すると、これを基に計算された源泉所得税（復興特別所得税を含む）が翌年の2月に支給される年金から源泉徴収される　初めて年金を受ける年度には年金の請求書の提出と同時に申告書も提出する

◆源泉徴収の対象となる公的年金額

年金の種類	65歳未満	65歳以上
厚生年金、国民年金等	108万円以上	158万円以上
厚生年金基金、国民年金基金、共済組合等	108万円以上	80万円以上

　ただし、「扶養控除等申告書」の提出は任意なので、申告書を提出せずに確定申告で税金の清算をすることもできる

●源泉徴収税額額の計算

　このように公的年金を支払いする際、所得税（復興特別所得税を含む）が源泉徴収されるが、その源泉徴収税額の計算は扶養控除等申告書を提出した場合としない場合とで、次のように異なる

〔1〕扶養控除等申告書を提出した場合

源泉徴収税額＝（支給年金額－控除額合計※）×5%（所得税率）×102.1%（復興特別所得税率）

※）控除額＝（基礎的控除額＋人的控除額）×その年金給付額の計算の基礎となる月数

〔2〕扶養控除等申告書を提出しない場合

源泉徴収税額＝（支給年金額－支給年金額の25%）×10%（所得税率）×102.1%（復興特別所得税率）

● 確定申告が必要になる場合

　「公的年金等の1年間の収入額が400万円を超える場合」もしくは「公的年金等以外の1年間の所得額が20万円を超える場合」は、税務署に確定申告を提出しなければならない

　該当しない人でも還付（税金が戻る人）をする場合は確定申告を提出する（申告期限は原則として毎年2月16日から3月15日）

退職金と税金

　退職金支払者に「退職所得の受給に関する申告書」を提出すると、次のように退職所得控除額が計算された上で、所得税、住民税が源泉徴収される

控除額
①勤続年数20年以下……40万円×勤続年数（最低80万円）
②勤続年数20年超……800万円＋70万円×（勤続年数－20年）

支払額が控除額より少なければ課税がない

❶ 退職所得の金額
　＝（退職金の額－退職所得控除額）×$\frac{1}{2}$

❷ 退職金にかかる所得税額
　＝退職所得の金額×所得税率

❸ 退職金にかかる住民税額
　＝退職所得の金額×住民税「所得割」の税率

年金を受ける手続き

●国の年金は、受ける資格ができても、**年金請求の手続き**をしなければ受けられない
●厚生年金保険、国民年金制度から受けられる年金の請求窓口は**年金事務所**（58頁）、**街角の年金相談センター**（64頁）、**市区町村役場**となる
●年金事務所では、予約制の年金相談を受け付けており、相談から請求の受付けまでを扱っている、その際、年金手帳やマイナンバー等の持参が必要となる場合があるので事前に確認のこと

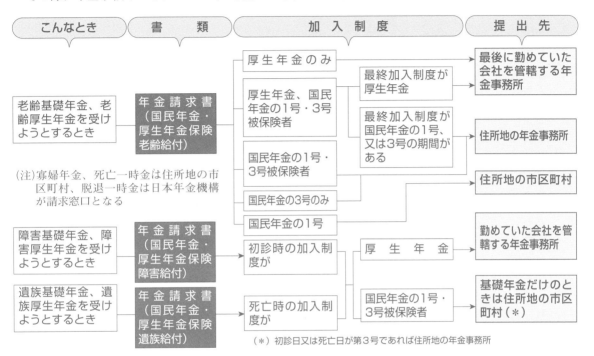

（注）寡婦年金、死亡一時金は住所地の市区町村、脱退一時金は日本年金機構が請求窓口となる

（＊）初診日又は死亡日が第3号であれば住所地の年金事務所

●年金受給を迎える直前に、日本年金機構から本人宛に、加入記録等が予め印字された年金請求書（ターンアラウンド用）が送付される　年金請求の際に必要な書類は右記のとおり
●受給資格が確認され、年金額が決定すると、決定通知書と年金証書が、年金事務所から住所地の本人あてに郵送されてくる
●年金は通常、2・4・6・8・10・12月の年6回にわけて、その前2カ月分が本人の指定する金融機関に送金される

提出書類	添付書類
年金請求書（国民年金・厚生年金保険老齢給付）	❶年金手帳または厚生年金保険被保険者証 ❷戸籍謄本か住民票の謄本（住民票コードを記入した場合は省略可能） ❸合算対象期間（カラ期間）があるときはその期間がわかる書類 ❹配偶者・子がいれば戸籍謄本および生計維持証明書 ❺加給年金額対象の子が障害者のときは医師の診断書など ❻他の公的年金給付を受けられる者はその裁定・決定書類など （注）公的年金等の受給者の扶養親族等申告書は老齢給付の年金請求書と同一用紙になっている （注）老齢給付と雇用保険の基本手当等を併給の場合は、支給停止事由該当届（雇用保険受給資格者証を添付）等の提出も必要となる
年金請求書（国民年金・厚生年金保険障害給付）	❶年金手帳または厚生年金保険被保険者証 ❷診断書およびレントゲンフィルム ❸加算額対象者があるときは、続柄を明らかにできる戸籍謄本、生計維持証明書 ❹他の公的年金から給付を受けられる者は支給決定通知書 ❺20歳前に受診日のある障害者は障害基礎年金所得状況届など
年金請求書（国民年金・厚生年金保険遺族給付）	❶年金手帳または厚生年金保険被保険者証 ❷戸籍抄本か市区町村長の証明書（住民票） ❸死亡診断書 ❹死亡者との続柄がわかる戸籍謄本および生計維持証明書 ❺合算対象期間があるときは、その期間がわかる書類など

年金事務所一覧

（2023年9月現在）

名　称	所在地	電　話
北海道		
札幌東	003-8530　札幌市白石区菊水1-3-1-1	(011) 832-0830
札幌西	060-8585　札幌市中央区北3条西11-2-1	(011) 271-1051
札幌北	001-8585　札幌市北区北24条西6-2-12	(011) 717-8917
新さっぽろ	004-8558　札幌市厚別区厚別中央2条6-4-30	(011) 892-1631
函館	040-8555　函館市千代台町26-3	(0138) 31-9086
旭川	070-8505　旭川市宮下通2-1954-2	(0166) 25-5606
釧路	085-8502　釧路市栄町9-9-2	(0154) 25-1521
室蘭	051-8585　室蘭市海岸町1-20-9	(0143) 24-5061
苫小牧	053-8588　苫小牧市若草町2-1-14	(0144) 37-3500
岩見沢	068-8585　岩見沢市9条西3	(0126) 25-1570
小樽	047-8666　小樽市富岡1-9-6	(0134) 33-5026
北見	090-8585　北見市高砂町2-21	(0157) 25-8703
帯広	080-8558　帯広市西1条南1	(0155) 21-1511
稚内	097-8510　稚内市末広4-1-28	(0162) 33-7011
砂川	073-0192　砂川市西4条北5-1-1	(0125) 52-3890
留萌	077-8533　留萌市大町3	(0164) 43-7211
青森県		
青森	030-8554　青森市中央1-22-8　日進青森ビル1・2階	(017) 734-7495
むつ	035-0071　むつ市小川町2-7-30	(0175) 22-4947
八戸	031-8567　八戸市城下4-10-20	(0178) 44-1742
弘前	036-8538　弘前市外崎5-2-6	(0172) 27-1339
岩手県		
盛岡	020-8511　盛岡市松尾町17-13	(019) 623-6211
花巻	025-8503　花巻市材木町8-8	(0198) 23-3351
二戸	028-6196　二戸市福岡字川又18-16	(0195) 23-4111
一関	021-8502　一関市五代町8-23	(0191) 23-4246
宮古	027-8503　宮古市太田1-7-12	(0193) 62-1963
宮城県		
仙台東	983-8558　仙台市宮城野区宮城野3-4-1	(022) 257-6111
仙台南	982-8531　仙台市太白区長町南1-3-1	(022) 246-5111
大河原	989-1245　柴田郡大河原町字新南18-3	(0224) 51-3111
仙台北	980-8421　仙台市青葉区宮町4-3-21	(022) 224-0891
石巻	986-8511　石巻市中里4-7-31	(0225) 22-5115
古川	989-6195　大崎市古川駅南2-4-2	(0229) 23-1200
秋田県		
秋田	010-8565　秋田市保戸野鉄砲町5-20	(018) 865-2392
鷹巣	018-3312　北秋田市花園町18-1	(0186) 62-1490
大曲	014-0027　大仙市大曲通町6-26	(0187) 63-2296
本荘	015-8505　由利本荘市表尾崎町21-2	(0184) 24-1111
山形県		
山形	990-9515　山形市あかねケ丘1-10-1	(023) 645-5111
寒河江	991-0003　寒河江市大字西根字石川西345-1	(0237) 84-2551
新庄	996-0001　新庄市五日町字宮内225-2	(0233) 22-2050
鶴岡	997-8501　鶴岡市錦町21-12	(0235) 23-5040
米沢	992-8511　米沢市金池5-4-8	(0238) 22-4220
福島県		
東北福島	960-8567　福島市北五老内町3-30	(024) 535-0141
平	970-8501　いわき市平字童子町3-21	(0246) 23-5611
相馬	976-8510　相馬市中村字桜ケ丘69	(0244) 36-5172
郡山	963-8545　郡山市桑野1-3-7	(024) 932-3434
白河	961-8533　白河市郭内115-3	(0248) 27-4161
会津若松	965-8516　会津若松市追手町5-16	(0242) 27-5321
茨城県		
水戸南	310-0817　水戸市柳町2-5-17	(029) 227-3278
水戸北	310-0062　水戸市大町2-3-32	(029) 231-2283
土浦	300-0812　土浦市下高津2-7-29	(029) 825-1170
下館	308-8520　筑西市菅谷1720	(0296) 25-0829

名　称	所在地		電　話
日立	317-0073	日立市幸町2-10-22	(0294) 24-2194
栃木県			
宇都宮東	321-8501	宇都宮市元今泉6-6-13	(028) 683-3211
宇都宮西	320-8555	宇都宮市下戸祭2-10-20	(028) 622-4281
大田原	324-8540	大田原市本町1-2695-22	(0287) 22-6311
栃木	328-8533	栃木市城内町1-2-12	(0282) 22-4131
今市	321-1293	日光市中央町17-3	(0288) 88-0082
群馬県			
前橋	371-0033	前橋市国領町2-19-12	(027) 231-1719
桐生	376-0023	桐生市錦町2-11-19	(0277) 44-2311
高崎	370-8567	高崎市栄町10-1	(027) 322-4299
渋川	377-8588	渋川市石原143-7	(0279) 22-1614
太田	373-8642	太田市小舞木町262	(0276) 49-3716
埼玉県			
浦和	330-8580	さいたま市浦和区北浦和5-5-1	(048) 831-1638
大宮	331-9577	さいたま市北区宮原町4-19-9	(048) 652-3399
熊谷	360-8585	熊谷市桜木町1-93	(048) 522-5012
ねんきんサテライト加須	347-0009	加須市三俣2-1-1　加須市役所2階	(0480) 62-8061
ねんきんサテライト川口	332-0012	川口市本町4-1-8　川口センタービル13階	(048) 227-2362
川越	350-1196	川越市脇田本町8-1　U_PLACE5階	(049) 242-2657
所沢	359-8505	所沢市上安松1152-1	(04) 2998-0170
春日部	344-8561	春日部市中央1-52-1　春日部セントラルビル4・6階	(048) 737-7112
越谷	343-8585	越谷市弥生町16-1　越谷ツインシティBシティ3階	(048) 960-1190
秩父	368-8585	秩父市上野町13-28	(0494) 27-6560
千葉県			
千葉	260-8503	千葉市中央区中央港1-17-1	(043) 242-6320
ねんきんサテライト茂原	297-0023	茂原市千代田町1-6　茂原サンヴェルプラザ1階	(0475) 23-2530
幕張	262-8501	千葉市花見川区幕張本郷1-4-20	(043) 212-8621
船橋	273-8577	船橋市市場4-16-1	(047) 424-8811
市川	272-8577	市川市市川1-3-18　京成市川ビル3階	(047) 704-1177
松戸	270-8577	松戸市新松戸1-335-2	(047) 345-5517
木更津	292-8530	木更津市新田3-4-31	(0438) 23-7616
佐原	287-8585	香取市佐原ロ2116-1	(0478) 54-1442
ねんきんサテライト成田	286-0033	成田市花崎町828-11　スカイタウン成田2階	(0476) 24-5715
東京都			
千代田	102-8337	千代田区三番町22	(03) 3265-4381
中央	104-8175	中央区明石町8-1　聖路加タワー1・16階	(03) 3543-1411
港	105-8513	港区浜松町1-10-14　住友東新橋ビル3号館1~3階	(03) 5401-3211
新宿	160-8601	新宿区新宿5-9-2　ヒューリック新宿五丁目ビル3~9階	(03) 3354-5048
杉並	166-8550	杉並区高円寺南2-54-9	(03) 3312-1511
中野	164-8656	中野区中野2-4-25	(03) 3380-6111
上野	110-8660	台東区池之端1-2-18　NDK池之端ビル	(03) 3824-2511
文京	112-8617	文京区千石1-6-15	(03) 3945-1141
墨田	130-8586	墨田区立川3-8-12	(03) 3631-3111
江東	136-8525	江東区亀戸5-16-9	(03) 3683-1231
江戸川	132-8502	江戸川区中央3-4-24	(03) 3652-5106
品川	141-8572	品川区大崎5-1-5　高徳ビル2階	(03) 3494-7831
大田	144-8530	大田区南蒲田2-16-1　テクノポートカマタセンタービル3階	(03) 3733-4141
渋谷	150-8334	渋谷区神南1-12-1	(03) 3462-1241
目黒	153-8905	目黒区上目黒1-12-4	(03) 3770-6421
世田谷	154-8512	世田谷区世田谷1-30-12	(03) 6844-3871
三軒茶屋相談室	154-0004	世田谷区太子堂4-1-1　キャロットタワー13階	(03) 6844-3871
池袋	171-8567	豊島区南池袋1-10-13　荒井ビル3・4階	(03) 3988-6011
北	114-8567	北区上十条1-1-10	(03) 3905-1011
板橋	173-8608	板橋区板橋1-47-4	(03) 3962-1481
練馬	177-8510	練馬区石神井町4-27-37	(03) 3904-5491
足立	120-8580	足立区綾瀬2-17-9	(03) 3604-0111
荒川	116-8904	荒川区東尾久5-11-6	(03) 3800-9151
葛飾	124-8512	葛飾区立石3-7-3	(03) 3695-2181
立川	190-8580	立川市錦町2-12-10	(042) 523-0352
青梅	198-8525	青梅市新町3-3-1　宇源ビル3・4階	(0428) 30-3410
八王子	192-8506	八王子市南新町4-1	(042) 626-3511
武蔵野	180-8621	武蔵野市吉祥寺北町4-12-18	(0422) 56-1411

名　称	所在地	電　話
府中	183-8505　府中市府中町2-12-2	(042) 361-1011
神奈川県		
鶴見	230-8555　横浜市鶴見区鶴見中央4-33-5　TG鶴見ビル2・4階	(045) 521-2641
港北	222-8555　横浜市港北区大豆戸町515	(045) 546-8888
ねんきんサテライト青葉台	227-0055　横浜市青葉区つつじが丘36-10　第8進栄ビル1階	(045) 981-8211
横浜中	231-0012　横浜市中区相生町2-28	(045) 641-7501
横浜西	244-8580　横浜市戸塚区川上町87-1　ウエルストン1ビル2階	(045) 820-6655
横浜南	232-8585　横浜市南区宿町2-51	(045) 742-5511
川崎	210-8510　川崎市川崎区宮前町12-17	(044) 233-0181
高津	213-8567　川崎市高津区久本1-3-2	(044) 888-0111
平塚	254-8563　平塚市八重咲町8-2	(0463) 22-1515
厚木	243-8688　厚木市栄町1-10-3	(046) 223-7171
相模原	252-0388　相模原市南区相模大野6-6-6	(042) 745-8101
ねんきんサテライト相模原中央	252-0231　相模原市中央区相模原6-22-9　朝日相模原ビル1階	(042) 753-1553
小田原	250-8585　小田原市浜町1-1-47	(0465) 22-1391
横須賀	238-8555　横須賀市米が浜通1-4　Flos横須賀	(046) 827-1251
藤沢	251-8586　藤沢市藤沢1018	(0466) 50-1151
新潟県		
新潟東	950-8552　新潟市中央区新光町1-16	(025) 283-1013
新潟西	951-8558　新潟市中央区西大畑町5191-15	(025) 225-3008
長岡	940-8540　長岡市台町2-9-17	(0258) 88-0006
上越	943-8534　上越市西城町3-11-19	(025) 524-4113
柏崎	945-8534　柏崎市幸町3-28	(0257) 38-0568
三条	955-8575　三条市興野3-2-3	(0256) 32-2820
新発田	957-8540　新発田市新富町1-1-24	(0254) 23-2128
六日町	949-6692　南魚沼市六日町字北沖93-17	(025) 716-0008
富山県		
富山	930-8571　富山市牛島新町7-1	(076) 441-3926
高岡	933-8585　高岡市中川園町11-20	(0766) 21-4180
魚津	937-8503　魚津市本江1683-7	(0765) 24-5153
砺波	939-1397　砺波市豊町2-2-12	(0763) 33-1725
石川県		
金沢南	921-8516　金沢市泉が丘2-1-18	(076) 245-2311
金沢北	920-8691　金沢市三社町1-43	(076) 233-2021
小松	923-8585　小松市小馬出町3-1	(0761) 24-1791
七尾	926-8511　七尾市藤橋町西部22-3	(0767) 53-6511
福井県		
福井	910-8506　福井市手寄2-1-34	(0776) 23-4518
武生	915-0883　越前市新町5-2-11	(0778) 23-1126
敦賀	914-8580　敦賀市東洋町5-54	(0770) 23-9904
山梨県		
甲府	400-8565　甲府市塩部1-3-12	(055) 252-1431
竜王	400-0195　甲斐市名取347-3	(055) 278-1100
大月	401-8501　大月市大月町花咲1602-1	(0554) 22-3811
長野県		
長野南	380-8677　長野市岡田町126-10	(026) 227-1284
長野北	381-8558　長野市吉田3-6-15	(026) 244-4100
岡谷	394-8665　岡谷市中央町1-8-7	(0266) 23-3661
伊那	396-8601　伊那市山寺1499-3	(0265) 76-2301
飯田	395-8655　飯田市宮の前4381-3	(0265) 22-3641
松本	390-8702　松本市鎌田2-8-37	(0263) 25-8100
小諸	384-8605　小諸市田町2-3-5	(0267) 22-1080
岐阜県		
岐阜南	500-8381　岐阜市市橋2-1-15	(058) 273-6161
岐阜北	502-8502　岐阜市大福町3-10-1	(058) 294-6364
多治見	507-8709　多治見市小田町4-8-3	(0572) 22-0255
大垣	503-8555　大垣市八島町114-2	(0584) 78-5166
美濃加茂	505-8601　美濃加茂市太田町2910-9	(0574) 25-8181
高山	506-8501　高山市花岡町3-6-12	(0577) 32-6111
静岡県		
静岡	422-8668　静岡市駿河区中田2-7-5	(054) 203-3707
清水	424-8691　静岡市清水区巴町4-1	(054) 353-2233
浜松東	435-0013　浜松市東区天龍川町188	(053) 421-0192

名　称	所在地	電　話
浜松西	432-8015　浜松市中区高町302-1	(053) 456-8511
沼津	410-0032　沼津市日の出町1-40	(055) 921-2201
三島	411-8660　三島市寿町9-44	(055) 973-1166
島田	427-8666　島田市柳町1-1	(0547) 36-2211
掛川	436-8653　掛川市久保1-19-8	(0537) 21-5524
富士	416-8654　富士市横割3-5-33	(0545) 61-1900
愛知県		
大曽根	461-8685　名古屋市東区東大曽根町28-1	(052) 935-3344
中村	453-8653　名古屋市中村区太閤1-19-46	(052) 453-7200
鶴舞	460-0014　名古屋市中区富士見町2-13	(052) 323-2553
熱田	456-8567　名古屋市熱田区伝馬2-3-19	(052) 671-7263
笠寺	457-8605　名古屋市南区柵下町3-21	(052) 822-2512
昭和	466-8567　名古屋市昭和区桜山町5-99-6　桜山駅前ビル	(052) 853-1463
名古屋西	451-8558　名古屋市西区城西1-6-16	(052) 524-6855
名古屋北	462-8666　名古屋市北区清水5-6-25	(052) 912-1213
豊橋	441-8603　豊橋市菰口町3-96	(0532) 33-4111
岡崎	444-8607　岡崎市朝日町3-9	(0564) 23-2637
一宮	491-8503　一宮市新生4-7-13	(0586) 45-1418
瀬戸	489-8790　瀬戸市共栄通4-6	(0561) 83-2412
半田	475-8601　半田市西新町1-1	(0569) 21-2375
豊川	442-8605　豊川市金屋町32	(0533) 89-4042
刈谷	448-8662　刈谷市寿町1-401	(0566) 21-2110
豊田	471-8602　豊田市神明町3-33-2	(0565) 33-1123
三重県		
津	514-8522　津市桜橋3-446-33	(059) 228-9112
四日市	510-8543　四日市市十七軒町17-23	(059) 353-5515
松阪	515-8973　松阪市宮町17-3	(0598) 51-5115
伊勢	516-8522　伊勢市宮後3-5-33	(0596) 27-3601
尾鷲	519-3692　尾鷲市林町2-23	(0597) 22-2340
滋賀県		
大津	520-0806　大津市打出浜13-5	(077) 521-1126
草津	525-0025　草津市西渋川1-16-35	(077) 567-2220
彦根	522-8540　彦根市外町169-6	(0749) 23-1112
京都府		
上京	603-8522　京都市北区小山西花池町1-1　サンシャインビル2・3階	(075) 415-1165
舞鶴	624-8555　舞鶴市南田辺50-8	(0773) 78-1165
中京	604-0902　京都市中京区土手町通竹屋町下ル鉾田町287	(075) 251-1165
下京	600-8154　京都市下京区間之町通下珠数屋町上ル榎木町308	(075) 341-1165
京都南	612-8558　京都市伏見区竹田七瀬川町8-1	(075) 644-1165
京都西	615-8511　京都市右京区西京極南大入町81	(075) 323-1170
大阪府		
天満	530-0041　大阪市北区天神橋4-1-15	(06) 6356-5511
福島	553-8585　大阪市福島区福島8-12-6	(06) 6458-1855
大手前	541-0053　大阪市中央区本町4-3-9　本町サンケイビル10・11階	(06) 6271-7301
堀江	550-0014　大阪市西区北堀江3-10-1	(06) 6531-5241
市岡	552-0003　大阪市港区磯路3-25-17	(06) 6571-5031
天王寺	543-8588　大阪市天王寺区悲田院町7-6	(06) 6772-7531
平野	547-8588　大阪市平野区喜連西6-2-78	(06) 6705-0331
難波	556-8585　大阪市浪速区敷津東1-6-16	(06) 6633-1231
玉出	559-8560　大阪市住之江区新北島1-2-1　オスカードリーム4階	(06) 6682-3311
淀川	532-8540　大阪市淀川区西中島4-1-1　日清食品ビル2・3階	(06) 6305-1881
今里	537-0014　大阪市東成区大今里西2-1-8	(06) 6972-0161
城東	536-8511　大阪市城東区中央1-8-19	(06) 6932-1161
貝塚	597-8686　貝塚市海塚305-1	(072) 431-1122
堺東	590-0078　堺市堺区南瓦町2-23	(072) 238-5101
堺西	592-8333　堺市西区浜寺石津町西4-2-18	(072) 243-7900
東大阪	577-8554　東大阪市永和1-15-14	(06) 6722-6001
八尾	581-8501　八尾市桜ケ丘1-65	(072) 996-7711
吹田	564-8564　吹田市片山町2-1-18	(06) 6821-2401
豊中	560-8560　豊中市岡上の町4-3-40	(06) 6848-6831
守口	570-0083　守口市京阪本通2-5-5　守口市役所内7F	(06) 6992-3031
枚方	573-1191　枚方市新町2-2-8	(072) 846-5011

名　称	所在地	電　話
兵庫県		
三宮	650-0033　神戸市中央区江戸町93　栄光ビル3・4階	(078) 332-5793
須磨	654-0047　神戸市須磨区磯馴町4-2-12	(078) 731-4797
東灘	658-0053　神戸市東灘区住吉宮町1-11-17	(078) 811-8475
兵庫	652-0898　神戸市兵庫区駅前通1-3-1	(078) 577-0294
姫路	670-0947　姫路市北条1-250	(079) 224-6382
尼崎	660-0892　尼崎市東難波町2-17-55	(06) 6482-4591
明石	673-8512　明石市鷹匠町12-12	(078) 912-4983
西宮	663-8567　西宮市津門大塚町8-26	(0798) 33-2944
豊岡	668-0021　豊岡市泉町4-20	(0796) 22-0948
加古川	675-0031　加古川市加古川町北在家2602	(079) 427-4740
奈良県		
奈良	630-8512　奈良市芝辻町4-9-4	(0742) 35-1371
大和高田	635-8531　大和高田市幸町5-11	(0745) 22-3531
桜井	633-8501　桜井市大字谷88-1	(0744) 42-0033
和歌山県		
和歌山東	640-8541　和歌山市太田3-3-9	(073) 474-1841
和歌山西	641-0035　和歌山市関戸2-1-43	(073) 447-1660
田　辺	646-8555　田辺市朝日ケ丘24-8	(0739) 24-0432
新宮分室	647-0016　新宮市谷王子町456-1　亀屋ビル1階	(0735) 22-8441
鳥取県		
鳥取	680-0846　鳥取市扇町176	(0857) 27-8311
倉吉	682-0023　倉吉市山根619-1	(0858) 26-5311
米子	683-0805　米子市西福原2-1-34	(0859) 34-6111
島根県		
松江	690-8511　松江市東朝日町107	(0852) 23-9540
出雲	693-0021　出雲市塩冶町1516-2	(0853) 24-0045
浜田	697-0017　浜田市原井町908-26	(0855) 22-0670
岡山県		
岡山東	703-8533　岡山市中区国富228	(086) 270-7925
岡山西	700-8572　岡山市北区昭和町12-7	(086) 214-2163
倉敷東	710-8567　倉敷市老松町3-14-22	(086) 423-6150
倉敷西	713-8555　倉敷市玉島1952-1	(086) 523-6395
津山	708-8504　津山市田町112-5	(0868) 31-2360
高梁	716-8668　高梁市旭町1393-5	(0866) 21-0570
広島県		
広島東	730-8515　広島市中区基町1-27	(082) 228-3131
広島西	733-0833　広島市西区商工センター2-6-1　NTTコムウェア広島ビル1階	(082) 535-1505
広島南	734-0007　広島市南区皆実町1-4-35	(082) 253-7710
福山	720-8533　福山市旭町1-6	(084) 924-2181
呉	737-8511　呉市宝町2-11	(0823) 22-1691
東広島分室	739-0015　東広島市西条栄町10-27　栄町ビル1階	(082) 493-6301
三原	723-8510　三原市円一町2-4-2	(0848) 63-4111
三次	728-8555　三次市十日市東3-16-8	(0824) 62-3107
備後府中	726-0005　府中市府中町736-2	(0847) 41-7421
山口県		
山口	753-8651　山口市吉敷下東1-8-8	(083) 922-5660
下関	750-8607　下関市上新地町3-4-5	(083) 222-5587
徳山	745-8666　周南市新宿通5-1-8	(0834) 31-2152
宇部	755-0027　宇部市港町1-3-7	(0836) 33-7111
岩国	740-8686　岩国市立石町1-8-7	(0827) 24-2222
萩	758-8570　萩市江向323-1	(0838) 24-2158
徳島県		
徳島南	770-8054　徳島市山城西4-45	(088) 652-1511
徳島北	770-8522　徳島市佐古三番町12-8	(088) 655-0200
阿波半田	779-4193　美馬郡つるぎ町貞光字馬出50-2	(0883) 62-5350
香川県		
高松東	760-8543　高松市塩上町3-11-1	(087) 861-3866
高松西	760-8553　高松市錦町2-3-3	(087) 822-2840
善通寺	765-8601　善通寺市文京町2-9-1	(0877) 62-1662
愛媛県		
松山東	790-0952　松山市朝生田町1-1-23	(089) 946-2146

名　称	所在地	電　話
松山西	790-8512　松山市南江戸3・4・8	(089) 925-5105
新居浜	792-8686　新居浜市庄内町1-9-7	(0897) 35-1300
今治	794-8515　今治市別宮町6-4-5	(0898) 32-6141
宇和島	798-8603　宇和島市天神町4-43	(0895) 22-5440
高知県		
高知東	781-9556　高知市桟橋通4-13-3	(088) 831-4430
高知西	780-8530　高知市旭町3-70-1	(088) 875-1717
南国	783-8507　南国市大そね甲1214-6	(088) 864-1111
幡多	787-0023　四万十市中村東町2-4-10	(0880) 34-1616
福岡県		
東福岡	812-8657　福岡市東区馬出3-12-32	(092) 651-7967
博多	812-8540　福岡市博多区博多駅東3-14-1 T-BuildingHAKATAEAST4・5階	(092) 474-0012
中福岡	810-8668　福岡市中央区大手門2-8-25	(092) 751-1232
西福岡	819-8502　福岡市西区内浜1-3-7	(092) 883-9962
南福岡	815-8558　福岡市南区塩原3-1-27	(092) 552-6112
久留米	830-8501　久留米市諏訪野町2401	(0942) 33-6192
小倉南	800-0294　北九州市小倉南区下曽根1-8-6	(093) 471-8873
小倉北	803-8588　北九州市小倉北区大手町13-3	(093) 583-8340
直方	822-8555　直方市知古1-8-1	(0949) 22-0891
八幡	806-8555　北九州市八幡西区岸の浦1-5-5	(093) 631-7962
大牟田	836-8501　大牟田市大正町6-2-10	(0944) 52-5294
佐賀県		
佐賀	849-8503　佐賀市八丁畷町1-32	(0952) 31-4191
唐津	847-8501　唐津市千代田町2565	(0955) 72-5161
武雄	843-8588　武雄市武雄町大字昭和43-6	(0954) 23-0121
長崎県		
長崎南	850-8533　長崎市金屋町3-1	(095) 825-8701
長崎北	852-8502　長崎市稲佐町4-22	(095) 861-1354
佐世保	857-8571　佐世保市稲荷町2-37	(0956) 34-1189
諫早	854-8540　諫早市栄田町47-39	(0957) 25-1662
熊本県		
熊本東	862-0901　熊本市東区東町4-6-41	(096) 367-2503
熊本西	860-8534　熊本市中央区千葉城町2-37	(096) 353-0142
八代	866-8503　八代市萩原町2-11-41	(0965) 35-6123
本渡	863-0033　天草市東町2-21	(0969) 24-2112
玉名	865-8585　玉名市松木11-4	(0968) 74-1612
大分県		
大分	870-0997　大分市東津留2-18-15	(097) 552-1211
日田	877-8585　日田市淡窓1-2-75	(0973) 22-6174
別府	874-8555　別府市西野口町2-41	(0977) 22-5111
佐伯	876-0823　佐伯市女島字源六分9029-5	(0972) 22-1970
宮崎県		
宮崎	880-8588　宮崎市天満2-4-23	(0985) 52-2111
高鍋	884-0004　児湯郡高鍋町大字蚊口浦5105-1	(0983) 23-5111
延岡	882-8503　延岡市大貫町1-2978-2	(0982) 21-5424
都城	885-8501　都城市一万城町71-1	(0986) 23-2571
鹿児島県		
鹿児島南	890-8533　鹿児島市鴨池新町5-25	(099) 251-3111
鹿児島北	892-8577　鹿児島市住吉町6-8	(099) 225-5311
川内	895-0012　薩摩川内市平佐町2223	(0996) 22-5276
加治木	899-5292　姶良市加治木町諏訪町113	(0995) 62-3511
鹿屋	893-0014　鹿屋市寿3-8-19	(0994) 42-5121
奄美大島	894-0035　奄美市名瀬塩浜町3-1	(0997) 52-4341
沖縄県		
那覇	900-0025　那覇市壺川2-3-9	(098) 855-1111
浦添	901-2121　浦添市内間3-3-25	(098) 877-0343
コザ	904-0021　沖縄市胡屋2-2-52	(098) 933-2267
名護	905-0021　名護市東江1-9-19	(0980) 52-2522
平良	906-0013　宮古島市平良字下里791	(0980) 72-3650
石垣	907-0004　石垣市登野城55-3	(0980) 82-9211

街角の年金相談センター一覧

※対面相談のみ、電話相談の受付はなし
※センター(オフィス)によって完全予約制

(2023年9月現在)

街角の年金相談センター		所在地
北海道・東北	札幌駅前	〒060-0001 札幌市中央区北1条西2-1 札幌時計台ビル4階
	麻生	〒001-0038 札幌市北区北38条西4-1-8
	青森(オ)	〒030-0802 青森市本町1-3-9 ニッセイ青森本町ビル10階
	盛岡(オ)	〒020-0022 盛岡市大通3-3-10 七十七日生盛岡ビル4階
	仙台	〒980-0803 仙台市青葉区国分町3-6-1 仙台パークビル2階
	秋田(オ)	〒010-8506 秋田市東通仲町4-1 秋田拠点センターALVE(アルヴェ)2階
	酒田	〒998-0044 酒田市中町1-13-8 酒田本町ビル1階
	福島	〒960-8131 福島市北五老内町7-5 i·s·M37(イズム37)2階
関東	水戸	〒310-0021 水戸市南町3-4-10 水戸FFセンタービル1階
	土浦	〒300-0037 土浦市桜町1-16-12 リーガル土浦ビル3階
	前橋	〒379-2147 前橋市亀里町1310 群馬県JAビル3階
	大宮	〒330-0854 さいたま市大宮区桜木町2-287 大宮西口大栄ビル3階
	川越(オ)	〒350-1123 川越市脇田本町16-23 川越駅前ビル8階
	草加	〒340-0022 草加市瀬崎1-9-1 谷塚コリーナ2階
	千葉	〒260-0027 千葉市中央区新田町4-22 サンライトビル1階
	船橋	〒273-0005 船橋市本町1-3-1 フェイスビル7階
	柏	〒277-0005 柏市柏4-8-1 柏東口金子ビル1階
	市川(オ)	〒272-0034 市川市市川1-7-6 愛愛ビル3階
	新宿	〒160-0023 新宿区西新宿1-7-1 松岡セントラルビル8階
	町田	〒194-0021 町田市中町1-2-4 日新町田ビル5階
	立川	〒190-0012 立川市曙町2-7-16 鈴春ビル6階
	国分寺	〒185-0021 国分寺市南町2-1-31 青木ビル2階
	大森	〒143-0023 大田区山王2-8-26 東辰ビル5階
	八王子(オ)	〒192-0081 八王子市横山町22-1 エフ・ティービル八王子3階
	足立(オ)	〒120-0005 足立区綾瀬2-24-1 ロイヤルアヤセ2階
	江戸川(オ)	〒132-0024 江戸川区一之江8-14-1 交通会館一之江ビル3階
	練馬(オ)	〒178-0063 練馬区東大泉6-52-1 WICSビル1階
	武蔵野(オ)	〒180-0006 武蔵野市中町1-6-4 三鷹山田ビル3階
	江東(オ)	〒136-0071 江東区亀戸2-22-17 日本生命亀戸ビル5階
	横浜	〒220-0011 横浜市西区高島2-19-12 スカイビル18階
	戸塚	〒244-0816 横浜市戸塚区上倉田町498-11 第5吉本ビル3階
	溝ノ口	〒213-0001 川崎市高津区溝口1-3-1 ノクティプラザ1 10階
	相模大野	〒252-0303 相模原市南区相模大野3-8-1 小田急相模大野ステーションスクエア1階
	藤沢(オ)	〒251-0052 藤沢市藤沢496 藤沢森井ビル6階
	厚木(オ)	〒243-0018 厚木市中町3-11-18 Flos厚木6階
	新横浜(オ)	〒222-0033 横浜市港北区新横浜2-5-10 楓第2ビル3階
中部	新潟	〒950-0087 新潟市中央区東大通2-3-26 プレイス新潟6階
	富山	〒930-0010 富山市稲荷元町2-11-1 アピアショッピングセンター2階
	金沢	〒920-0804 金沢市鳴和1-17-30
	福井(オ)	〒910-0858 福井市手寄1-4-1 アオッサ(AOSSA)2階

街角の年金相談センター		所在地
中部	長野	〒380-0935 長野市中御所45-1 山王ビル1階
	上田(オ)	〒386-0025 上田市天神1-8-1 上田駅前ビルパレオ6階
	岐阜	〒500-8891 岐阜市香蘭2-23 オーキッドパーク西棟3階
	静岡	〒422-8067 静岡市駿河区南町18-1 サウスポット静岡2階
	沼津	〒410-0801 沼津市大手町3-8-23 ニッセイスタービル4階
	浜松(オ)	〒435-0044 浜松市東区西塚町200 サーラプラザ浜松5階
	名古屋	〒453-0015 名古屋市中村区椿町1-16 井門名古屋ビル2階
	栄	〒460-0008 名古屋市中区栄4-2-29 JRE名古屋広小路プレイス8階
近畿	津(オ)	〒514-0036 津市丸之内養正町4-1 森永三重ビル1階
	草津	〒525-0026 草津市渋川1-1-50 近鉄百貨店草津店5階
	宇治	〒611-0031 宇治市広野町西裏54-2
	京都(オ)	〒615-8073 京都市西京区桂野里町17番地 ミュー阪急桂(EAST)5階
	天王寺	〒543-0054 大阪市天王寺区南河堀町10-17 天王寺北NKビル2階
	吹田	〒564-0082 吹田市片山町1-3-1 メロード吹田2番館10階
	堺東	〒590-0077 堺市堺区中瓦町1-1-21 堺東八幸ビル7階
	枚方	〒573-0032 枚方市岡東町5-23 アーバンエース枚方ビル2階
	城東	〒536-0005 大阪市城東区中央1-8-24 東洋プラザ蒲生ビル1階
	東大阪	〒577-0809 東大阪市永和1-18-12 NTT西日本東大阪ビル1階
	豊中	〒560-0021 豊中市本町1-1-3 豊中高架下店舗南ブロック1階
	なかもず	〒591-8025 堺市北区長曽根町130-23 堺商工会議所会館1階
	北須磨	〒654-0154 神戸市須磨区中落合2-2-5 名谷センタービル7階
	尼崎	〒661-0012 尼崎市塚口本町2-1-2-208 塚口さんさんタウン2番館2階
	姫路	〒670-0961 姫路市南畝町2-53 ネオフィス姫路南1階
	西宮(オ)	〒663-8035 西宮市北口町1-2 アクタ西宮東館1階
	奈良	〒630-8115 奈良市大宮町4-281 新大宮センタービル1階
	和歌山(オ)	〒640-8331 和歌山市美園町3-32-1 損保ジャパン和歌山ビル1階
中国	岡山	〒700-0032 岡山市北区昭和町4-55
	広島	〒730-0015 広島市中区橋本町10-10 広島インテスビル
	福山	〒720-0065 福山市東桜町1-21 エストパルク6階
	防府	〒747-0035 防府市栄町1-5-1 ルネサス防府2階
四国・九州	徳島(オ)	〒770-0841 徳島市八百屋町2-11 ニッセイ徳島ビル8階
	高松(オ)	〒760-0028 高松市鍛冶屋町3 香川三友ビル5階
	松山(オ)	〒790-0005 松山市花園町1-3 日本生命松山市駅前ビル5階
	北九州	〒806-0036 北九州市八幡西区西曲里町2-1 黒崎テクノプラザ1 1階
	鳥栖(オ)	〒841-0052 鳥栖市宿町1118 鳥栖市役所東別館1階
	長崎(オ)	〒852-8135 長崎市千歳町2-6 いわさきビル5階
	熊本	〒860-0806 熊本市中央区花畑町4-1 太陽生命熊本第2ビル3階
	中津(オ)	〒871-0058 中津市豊田町14-3 中津市役所別棟2階
	宮崎	〒880-0902 宮崎市大淀4-6-28 宮交シティ2階
	鹿児島(オ)	〒892-0825 鹿児島市大黒町2-11 南星いづろビル6階